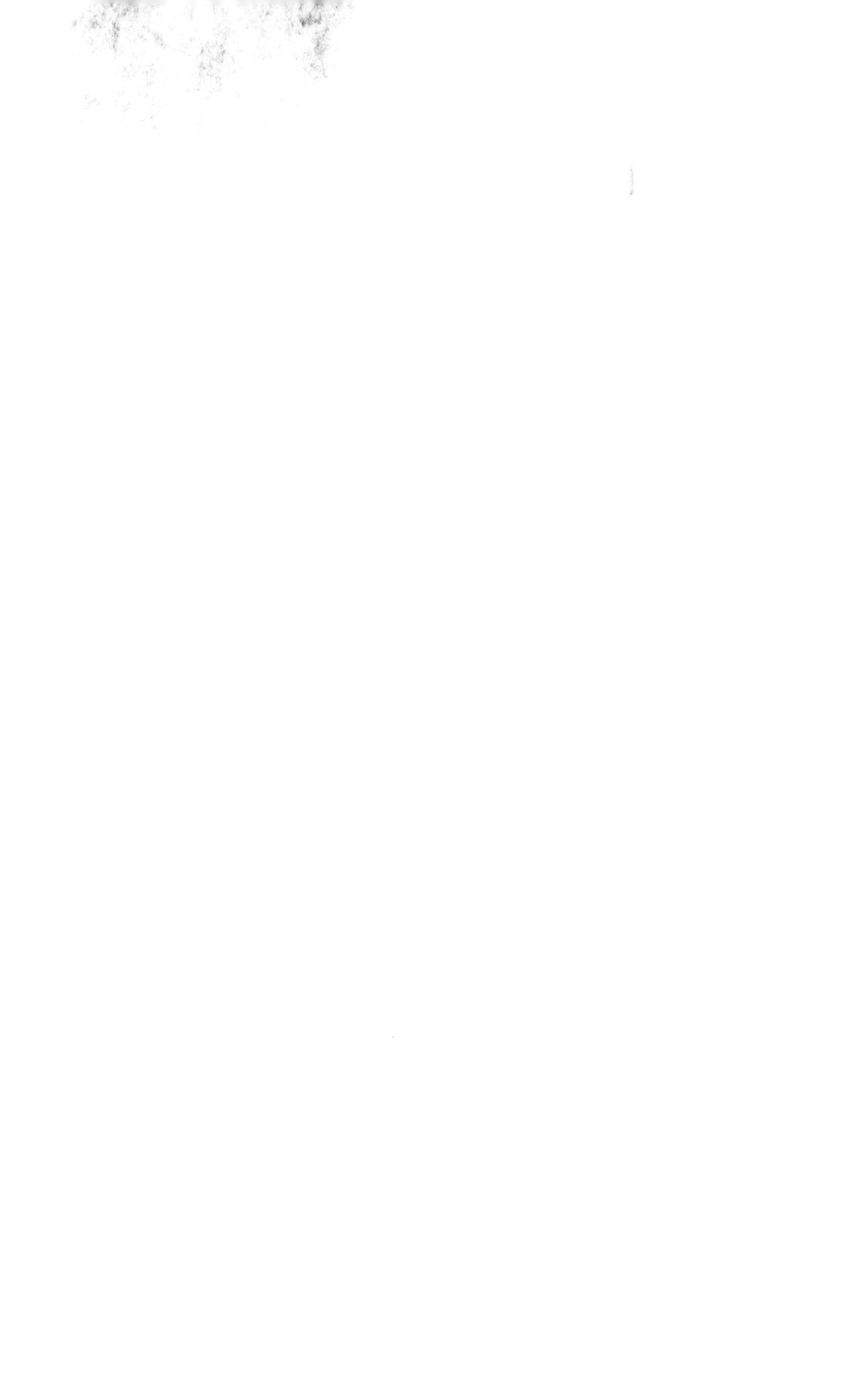

M. le général Trochu a publié un compte rendu de son procès contre MM. Vitu et de Villemessant. Ce compte rendu est précédé d'un *avertissement* et d'une *introduction*.

Dans *l'avertissement*, M. Trochu dit : « *Je savais que nos adversaires avaient leur sténographie spéciale, et j'ai emprunté à la publication faite en brochure par* le Figaro *lui-même, les plaidoiries de Mes Grandperret et Lachaud, que j'attachais beaucoup de prix à reproduire avec la physionomie que ce journal a entendu leur donner.*

Ce que savait très-bien M. Trochu, c'est que la brochure dont il parle ne contient qu'une analyse incorrecte et informe de la plaidoirie de M. Grandperret. Celui-ci la publie, et il n'éprouve nul besoin de répondre autrement à la longue *introduction* dans laquelle M. Trochu essaye encore de réagir contre la situation politique et morale où il est aujourd'hui placé.

MESSIEURS LES JURÉS,

Je viens vous soumettre la défense de M. Vitu qui pour la première fois soutient une lutte judiciaire. Il se présente devant vous avec une respectueuse confiance dans votre haute et indépendante justice. C'est un écrivain qui est toujours resté fidèle aux mêmes opinions politiques et qui les a en tout temps loyalement soutenues. Peut-être cette persévérance qui n'est point trop banale vous paraîtra-t-elle digne d'estime et de bienveillance.

La plainte déposée par le général Trochu comprend deux chefs distincts : Un délit de diffamation et un délit d'outrage envers un fonctionnaire public. Le premier consiste dans l'imputation d'actes coupables que le général Trochu dénie ; le second résulterait simplement de quelques épithètes mal sonnantes. C'est vous dire que si le premier chef de la plainte donne lieu à un grave débat, le second au contraire n'a pour nous aucune importance et paraît peu digne d'occuper vos moments. Dans un procès où l'on a si imprudemment soulevé des questions redoutables, l'attention ne peut plus descendre et s'arrêter à quelques expressions inconsidérées que le goût peut condamner, mais non la justice. Quand il s'agit de rendre compte soit du sang versé à Buzenval, soit de l'exemple de fidélité politique qu'on a donné au monde au milieu d'une odieuse crise révolutionnaire et d'événements formidables, on ne peut plus être admis ensuite à faire entendre des récriminations subalternes contre quelques irrévérences de langage dont on voudrait faire sortir un vulgaire et mince délit d'outrage.

Il faut vous dire, Messieurs, que ces procès pour outrages envers des fonctionnaires publics ne sont le plus souvent entrepris que par de très-petits fonctionnaires. Il est rare qu'un homme occupant une situation élevée s'émeuve d'une de ces inconvenances que la loi appelle un outrage. Ce sont en général les plus humbles dépositaires de l'autorité publique qui sont les plus enclins à se trouver offensés. Peut-être ont-ils raison d'être plus particulièrement jaloux de leur dignité, parce qu'ils ne sont pas de grands personnages et qu'ils doivent sauvegarder la faible part d'autorité qui leur est dévolue.

Mais que M. Trochu vienne nous dire : « Je me prévaux de ma qualité d'ancien président du gouvernement inauguré le 4 septembre pour vous reprocher des expressions irrespectueuses et vous faire punir par la justice, » voilà ce que je comprends moins facilement, alors surtout qu'on n'a pas le droit de se montrer si susceptible quand on a soi-même toléré contre d'autres personnes, dignes celles-là d'un grand respect, tant d'infamies, tant de cyniques outrages, tant d'ignominieuses caricatures, tant de vils et répugnants pamphlets !

C'est donc, Messieurs, sur le premier chef de prévention que porteront plus particulièrement les observations que je viens vous présenter. Elles auront pour objet de démontrer que M. Vitu n'a écrit dans des articles véhéments, passionnés, il le reconnaît, que des choses qu'il croit et qu'il maintient être vraies. Ce n'est point sa modération qu'il doit défendre aujourd'hui, c'est sa bonne foi ; c'est l'exactitude de ses affirmations trop vivement formulées peut-être, mais avec cette excuse qu'il traitait des sujets sur lesquels il est difficile de rester modéré.

En les abordant à mon tour, je garderai toute la réserve conciliable avec les nécessités de la défense ; et surtout je plaiderai tout simplement mon procès ; car je ne reconnais pas à cette discussion le caractère que le général Trochu a la prétention de lui donner. Je ne saurais y voir un débat entre M. Trochu et l'Empire. Je suppose que l'Empire n'accepte point cet antagonisme, et que personne n'admettra notre adversaire, quelque bonne opinion qu'il ait de lui-même, à s'élever ainsi jusqu'à la hauteur d'une dynastie. Le général Trochu a voulu sortir du procès, je l'y maintiendrai ; je lui parlerai de Buzenval et du 4 septembre.

Mon éminent confrère Allou a singulièrement interverti les rôles en disant que nous avions recherché dans un intérêt politique l'éclat de ce procès. Il oublie que c'est son client qui nous l'a intenté, et que nous sommes au banc de la défense... Oui, vous nous prêtez vos intentions et vos calculs lorsque vous prétendez que nous avons cherché une tribune pour y faire retentir des regrets et des espérances. C'est vous qui en aviez besoin après avoir porté à une autre tribune ce discours que vous avez appelé audacieusement : « Une page d'histoire contemporaine, » et qui a été mis en lambeaux par tous les documents qui l'ont suivi. C'est à vous qu'il fallait une nouvelle tribune pour y faire une tentative désespérée devant l'opinion publique. Quant aux hommes que vous avez voulu désigner, soyez sûrs qu'ils ont trop le respect de leurs souvenirs et d'eux-mêmes pour s'abandonner jamais à une espérance qui ne serait pas celle de la France ! Non je ne suis point venu ici pour faire de la politique ; et s'il faut vous le dire, en fait de politique je n'en connais qu'une seule qui soit honorable, celle qui consiste à respecter et chérir notre pays ; à se soumettre à sa volonté quelle qu'elle soit ; à souffrir de ses douleurs, à vivre de ses espérances et à n'avoir d'autre passion que la passion de la patrie !

Quant à une insinuation qui s'est glissée hier dans la plaidoierie de mon confrère et qui s'adressait à un homme illustre ; je dirai simplement à mon contradicteur d'attendre le moment où il ira occuper à l'assemblée nationale la place que lui assignent son digne caractère et son magnifique talent, et de réserver pour ce temps ses attaques et ses amertumes ; je lui promets pour ce jour-là une réponse qui sera digne de lui,

Laissons cela, Messieurs, et entrons dans le procès.

II.

Je ne m'arrêterai pas à la prévention d'outrage, à laquelle nous n'attachons aucune importance.

Ainsi, par exemple, le nom de Tropmann se trouve dans l'article de M. Vitu. Je le regrette ; c'est de mauvais goût ; M. Auguste Vitu tient trop bien une plume, et a donné assez de preuves de talent, pour qu'il lui en coûte de le reconnaître. Mais ce nom sinistre de Tropmann rappelle précisément une des caricatures publiées sous le règne de M. Trochu, et qui contenait une immonde insulte à l'Empereur.

Quant au propos attribué au général Changarnier, qui aurait appelé M. Trochu *un Tartuffe coiffé du casque de Mangin*, je crois que vous avez été parfaitement édifiés par la déposition de l'illustre général et par son parti pris de se dérober aux questions les plus pressantes. Vous avez compris ce que cela voulait dire. Vous avez vu avec quelle rare opiniâtreté mon éminent confrère a essayé d'obtenir une dénégation du général. J'ai rarement assisté à un incident d'audience aussi intéressant. Vous avez entendu mon contradicteur renouveler sous mille formes ses questions persévérantes ; il demandait toujours la même chose, mais toujours d'une manière différente, avec une insistance spirituelle, adroite, insinuante et des nuances infinies de langage. Mais tout a échoué contre le tacticien consommé auquel il avait affaire. Mon contradicteur a littéralement fait le siége du général Changarnier. Mais le général s'était dit lui aussi, comme M. Trochu, qu'il ne capitulerait pas, et il s'est tenu parole. Dans cette lutte entre l'avocat et le général, je faisais des vœux ardents pour mon confrère, d'abord par esprit de corps, et ensuite parce que je désirais vivement que le général parlât, car je savais bien ce qu'il dirait.

Je le répète, vous avez compris, Messieurs, et on ne pouvait pas ne point comprendre. Le général n'a pas voulu se départir de sa réserve, ne se croyant pas obligé de répéter dans un débat solennel une raillerie qu'il n'avait pas destinée à une si grande publicité. Mais le mot a été dit; il circulait bien avant que M. Vitu l'eût reproduit dans son article; il avait couru les salons et quand on l'a répété à M. Vitu, on ne lui a nullement demandé d'en faire mystère. Il le tenait d'un écrivain distingué, M. Giraudeau, que nous avons fait citer et qui n'a pu comparaître, mais qui a fait parvenir à M. Vitu la lettre suivante :

« Mon cher Vitu, si les circonstances que vous connaissez ne m'en avaient empêché, je me serais fait un devoir de venir déclarer sous la foi du serment que c'est de moi que vous tenez le mot du général Changarnier sur M. Trochu. Il m'avait été dit alors, il m'a été répété depuis, qu'il est question de votre procès, par plusieurs personnes qui m'assurèrent l'avoir recueilli de la bouche même de son auteur. Comme ces personnes étaient très-sérieuses, comme je savais que soit à Paris, soit à l'étranger, elles avaient fréquenté le général Changarnier, je devais croire, je croyais, je crois encore fermement qu'elles disaient la vérité.

« Agréez, etc. »

En voilà bien assez, Messieurs, sur ce sujet. La bonne foi de M. Vitu est maintenant hors de cause, et le mot qui a choqué le général Trochu n'est certainement pas de mon client; vous en connaissez l'origine.

III.

J'entre donc dans la discussion.

Je dirai d'abord que M. le Président du gouvernement du 4 septembre aurait bien dû s'inspirer des principes professés dans un discours célèbre de M. le Président de la République.

C'était en 1868; M. Thiers, prononçant un discours sur la liberté de la presse, réclamait en termes mémorables la faculté de discuter les hommes publics, non pas seulement, disait-il, avec liberté, mais avec violence, avec haine, avec mauvaise foi :

« Quand vous en arrivez aux agents de l'autorité publique à tous les degrés, ah! ceux-là, il faut les discuter sans mesure!... »

Et M. Thiers rappelait un passage de l'un de ses précédents discours :

« Que demandions-nous autrefois, et que sommes-nous prêts à accorder encore? Est-ce la liberté de discuter les actes ministériels sans mesure? — Oui! — La liberté de nous calomnier? — Oui! — La liberté de nous imputer des faits vrais ou faux et plus souvent faux que vrais? — Oui! — La liberté d'exciter contre nos personnes la haine, le mépris, tous les sentiments injustes? — Oui encore!... Oui, cette liberté, nous l'acceptons franchement et sans réserve, comme condition du gouvernement représentatif. »

Et M. Glais-Bizoin s'écriait, avec un enthousiasme que je ne partage pas :

« *Oui! c'est là la vraie liberté!* »

Voilà, Messieurs, ce que disait M. Thiers en 1868. Ne me demandez pas, car je n'en sais rien, si M. le Président de la République persévère dans ses doctrines antérieures. Peut-être ne

pouvait-on se douter que ces doctrines portassent dans leurs
flancs certains actes dont nous sommes témoins et certain projet de loi élaboré en ce moment. Mais fallût-il retrancher quelque chose des principes de 1868, il en resterait largement assez
pour imposer aux hommes publics une forte dose de libérale
tolérance et de patiente philosophie.

Et remarquez que les principes de l'orateur de 1868 s'adres-
sent aux ministres qui exercent le pouvoir même dans des temps
paisibles, où rien ne surexcite exceptionnellement l'opinion
publique ; qu'à plus forte raison, d'après M. Thiers, il doit
être permis de discuter *à outrance*, comme on dit aujourd'hui,
des hommes qui sont montés au pouvoir dans des circonstances
comme celles où le général Trochu est devenu un chef de gouvernement.

Le même discours contient un autre passage qui me semble
de nature à provoquer une plus sincère adhésion. C'est toujours
le même ordre d'idées, mais l'expression en est cette fois in-
contestablement noble et sage :

« Il y a dans le pays des hommes illustres qui, depuis quarante ans,
figurent sur ce théâtre de la politique que l'Europe regarde, et où souvent ils eurent à éprouver des souffrances qu'il serait puéril de vouloir
nier. Eh bien ! je vous le demande, quel est l'homme honnête, convaincu,
persévérant, que la presse soit parvenue à amoindrir par ses dénigre-
ments? Je vous défie de m'en citer un seul.

« Nos généraux, qui passent la frontière pour aller défendre le pays,
vont braver les boulets de l'ennemi ; savez-vous quels sont les boulets
que nous, hommes publics, nous devons braver! C'est l'injustice, c'est le
dénigrement, c'est la calomnie.

« Tels sont les dangers contre lesquels nous devons fortifier notre
cœur. Si nous n'avons pas ce genre de courage, nous ne sommes pas
dignes de mettre la main aux affaires publiques. »

Voilà de généreuses paroles; et si nous les citons, ce n'est
point, vous le comprenez bien, pour revendiquer, au nom de
M. Vitu ni au nom de personne, le privilége d'user d'injustice,
de dénigrement et de calomnie. M. Vitu repousse avec énergie

toute intention perfide et calomniatrice ; mais les paroles de
M. Thiers semblent s'adresser à M. le général Trochu et lui
offrir l'enseignement que voici : Rappelez-vous que les dénigre-
ments de la presse ont pu affliger, mais n'ont jamais amoindri
un homme honnête, droit, convaincu ! Si votre conscience vous
dit que vous avez fait votre devoir, attendez avec confiance le
jugement qui doit survivre aux passions du jour ! Mais si, au
contraire, les événements que vous avez traversés ont laissé au
fond de votre âme des doutes, du trouble, d'inquiets souvenirs ;
si les responsabilités que vous avez encourues vous sont pesan-
tes, n'espérez pas qu'à l'aide de la frêle digue que vous es-
sayez d'élever aujourd'hui, vous arrêterez le courant de l'opinion publique, ni que vous échapperez aux solennelles sentences
qui se dégagent, a dit un grand écrivain, de l'appréciation de
chacun et de l'ascendant de tous !

IV.

Parlons donc, puisque M. Trochu l'a voulu, de Buzenval et
du 4 septembre.

Buzenval d'abord ! Et avant tout, reprenons dans l'article de
M. Vitu les faits que le plaignant a dénoncés comme diffama-
toires :

« 19 janvier 1872 ! anniversaire d'un jour de deuil, où le sang le plus
pur coula dans une entreprise ténébreuse, que la conscience publique
a flétrie du nom d'assassinat ! Au moment où les régiments de marche
de la garde nationale furent lancés à travers le brouillard contre les
batteries prussiennes, le gouvernement de la prétendue défense nationale
était déjà résolu à capituler.

« Une seule chose troublait ces âmes de sycophantes : ils craignaient
l'indignation de la population parisienne et ses suites possibles quant
à la sûreté de leurs précieuses personnes. Ils s'attendaient à être échar-
pés. « Le gouverneur de Paris ne capitulera pas, » avait dit le général

Trochu dans une proclamation solennelle. Et cependant il savait qu'avant dix jours il aurait rendu la ville, les forts, les fusils, les canons de l'armée, payé 200 millions de contributions de guerre, et signé, avec les préliminaires de la paix, l'abandon implicite de l'Alsace et de la Lorraine.

« Contre son attente, le farouche bombardement qui dévastait la rive gauche n'avait pas ébranlé le courage des Parisiens. L'expédition de Buzenval fut résolue. C'était l'élite de la jeunesse qu'on envoyait au feu : les résultats étaient prévus : le lendemain du désastre, la garde nationale et la population viendraient supplier le gouvernement de mettre fin à une boucherie inutile, et le gouvernement déférerait, non sans résistance, aux vœux de la population.

« Vains calculs ! crime sans résultat !

« La consternation fut grande, il est vrai. Presque tous les morts portaient des noms connus dans le monde, dans les lettres, dans les arts, dans la marine et dans l'armée : H. Regnault, Franck Mitchell, Pérodeaud, Seveste, Perelli, Montbrison, Lesseps, Coriolis, Rochebrune! Pardonnez-moi chers morts, de ne pas vous citer tous! Mais si l'on pleurait, on ne songeait alors qu'à vous venger.

« On lisait avec plus d'étonnement que d'épouvante les dépêches en style macabre où le gouverneur cherchait à méduser la population, en ne lui parlant que de blessés, de brancardiers, de morts et d'enterrements. Rien n'y fit : les Parisiens demeurèrent stoïques. Ce que voyant, le gouverneur et le gouvernement prirent leur parti et se dirent : « Eh bien ! nous capitulerons tout de même. »

Voilà, Messieurs, la partie vraiment importante de l'article ; celle qui contient les faits contre lesquels voudrait protester M. le général Trochu. Buzenval, dit M. Vitu, a été une effusion de sang inutile; une bataille livrée sans espérance; un cruel simulacre d'effort militaire; une diversion sanglante ayant pour but de détourner les menaces qui grondaient dans Paris et de soustraire les membres du gouvernement soit aux fureurs révolutionnaires des uns, soit au désespoir patriotique des autres.

Oui, tout cela est dans l'article ; mais quel est le caractère de ces appréciations? Est-ce que l'écrivain dit à ses lecteurs : Je viens vous apporter une révélation sur la bataille de Buzenval ; je viens vous apprendre ce que vous ne savez pas; je viens dé-

chirer les voiles qui ont enveloppé jusqu'ici les calculs qui ont
fait couler le sang; je viens porter contre le général Trochu et
son gouvernement une accusation que nulle voix encore n'a fait
entendre?.... Non, ce n'est pas cela; l'auteur de l'article se place
au centre, au cœur de l'opinion publique; il la constate, l'a-
dopte, l'invoque. Aussi, qu'avons-nous à prouver? Nous avons
à prouver que M. Vitu a dit vrai en affirmant que la conscience
publique s'est soulevée contre la bataille de Buzenval; nous avons
à établir que dans la presse, dans les livres, dans la pensée des
hommes spéciaux, dans l'esprit de la population, s'est fermement établie l'opinion qu'on avait inutilement sacrifié des vies
humaines. Nous n'avons pas à prouver davantage. La défense
de M. Vitu pourrait se circonscrire dans ces limites. Mais soyez
tranquilles, nous les franchirons, pour examiner, avec des documents certains et avec le témoignage de M. Trochu lui-même,
si l'opinion publique s'est trompée.

Nous ne pouvons, Messieurs, reproduire tous les renseignements qui ont été placés dans nos mains, mais nous devons du
moins faire un emprunt à chaque ordre de documents, c'est-à-
dire aux journaux, aux livres, aux enquêtes parlementaires et
aux témoignages des hommes les plus autorisés.

La presse d'abord. Voici un article publié dans *Paris-
Journal* peu de jours après la bataille de Buzenval; il est intitulé : *Le Crime du 19 janvier*. C'est ainsi qu'on qualifiait la
bataille de Buzenval : le crime du 19 janvier!

Voici quelques extraits :

« Nous en demandons pardon à nos lecteurs. Il s'en trouve parmi eux
dont nous allons exaspérer les plaies encore saignantes; il est des cœurs
meurtris que nous allons crucifier pour la seconde fois. Mais avons-nous
bien le droit de compter avec la douleur maintenant? C'est notre pain
quotidien de l'avenir. On n'en vit pas; on peut du moins apprendre à
n'en pas mourir.

« On se souvient peut-être qu'il y a environ trois semaines, nous
avons rapporté ici même le propos incroyable tenu par un officier supé-
rieur devant qui on parlait de la défense et de la garde nationale :

« La défense est impossible, disait-il ; quant à la garde nationale,
« puisqu'elle y tient absolument, nous lui ferons faire une saignée et ce
« sera tout. »

« C'est en nous rappelant cette phrase que nous avons écrit ces lignes;
et cette phrase nous a été remise en mémoire par la nouvelle note du
Journal officiel d'hier, sur les pertes subies par la garde nationale mobi-
lisée dans la bataille du 19 janvier.

« La voilà donc cette saignée qu'on nous avait promise! Elle a peut-
être été un peu plus abondante qu'on ne l'eût souhaité. Mais, bah! une
fois n'est pas coutume, et l'on savait bien qu'on n'y reviendrait plus. »

Viennent quelques mots adressés au général Clément Tho-
mas, et que je passe sous silence, parce que sa mort a fait tout
oublier. L'article continue :

« Nous le disons au général Trochu et à tous ceux qui, de près ou de
loin, ont prêté la main à cette soi-disant affaire du 19 janvier : *Vous
avez commis un crime, un crime de lèse-humanité, un crime de lèse-
nation, un crime de lèse-conscience!*

« Le général Trochu et les autres savaient que Paris allait capituler ;
ils savaient qu'il n'y avait plus de vivres en magasin, et que les armées
de secours étaient trop loin pour que désormais il nous fût possible de
les attendre.

« Mais on ne pouvait décemment capituler qu'au lendemain d'une
bataille, c'est-à-dire d'une défaite — les deux mots sont devenus syno-
nymes pour nos généraux de Paris. — Cependant on prit toutes les
dispositions pour qu'un succès fût impossible : car qu'en aurait-on pu
faire? Montretout était imprenable, disait-on. On chargea la garde nationale de le prendre.

« Ah! vous avez voulu vous battre, braves gens! vous avez demandé
à entendre de près le canon prussien ! Allez-y si vous pouvez et revenez-en
si Dieu le veut ! Mais du moins Paris ne pourra plus rien nous reprocher,
et nous pourrons en finir!

« Avouez-le, général Trochu : voilà quelle a été votre secrète pensée.

« Voilà l'historique de la journée du 19 janvier.

« Et pendant ce temps-là, M. Jules Favre taillait la plume qui devait
signer la capitulation, et le général Trochu invoquait Loyola pour trouver
un moyen de ne pas être pris en flagrant délit de mensonge avec sa
fameuse déclaration : « Le gouverneur de Paris ne capitulera pas. »

« La *saignée* faite, on entama les négociations avec Versailles.

« Avais-je raison d'appeler un crime cette journée du 19 janvier, un crime préparé, prévu, combiné, avec aggravation de guet-apens ? Car interrogez tout ceux qui sont revenus de cette sinistre échauffourée, et ils vous diront que tous ces canons fondus à Paris à si grand'peine depuis cinq mois, pas un seul n'a donné la réplique à l'artillerie ennemie.

« Braves gens que vous étiez ! c'était pour mieux vous laisser entendre la canonnade prussienne !

« Dormez en paix, soldats morts sans profit, mais non sans gloire ! et, s'il est vrai que, par-delà la tombe, les ombres reviennent parfois chez les vivants, que les vôtres aillent hanter les consciences coupables du crime du 19 janvier. »

Voilà, Messieurs, un exemple des énergiques et poignantes interpellations de la presse ; voilà avec quel accent on demandait compte, au Gouverneur de Paris, du sang versé à Buzenval ! Je ne sais si M. Vitu en sera désobligé, mais son article me paraît bien terne à côté de la verve indignée de celui que je viens de lire : Le gouvernement était aussi affolé qu'impuissant ; il redoutait l'exaltation qu'il avait lui-même surexcitée ; la population qui voulait se battre encore faisait entendre de vaillantes revendications ; il fallait faire une saignée à la garde nationale pour la calmer. Elle veut se battre, qu'elle y aille si elle peut et qu'elle revienne si Dieu le veut ! Oui, vous avez commis un crime ; avouez-le, vous qui vous appeliez alors le gouvernement ; avouez-le, général Trochu, vous avez commis un crime !

Ce n'est pas M. Vitu qui parle, Messieurs, c'est le journaliste de février 1871, quelques jours après Buzenval. Et on vient aujourd'hui poursuivre M. Vitu, parce qu'il écrit que l'opinion publique s'est prononcée contre la bataille de Buzenval ! Mais vous voyez bien, et vous allez mieux voir encore que son article n'est qu'un écho de la grande clameur qui s'est élevée contre le général et contre son entourage gouvernemental.

J'ai fait un emprunt aux journaux, j'en ferai un autre maintenant aux livres, c'est-à-dire aux écrits plus étudiés, plus réfléchis, et vous allez voir que si l'ardeur brûlante de la forme s'y tempère dans une certaine mesure, les jugements y conservent au fond la même sévérité.

Voici un ouvrage arrivé à sa vingt-quatrième édition, c'est l'histoire du siége de Paris par M. Francisque Sarcey :

« On assurait qu'un des vieux généraux, parlant de cette expédition, avait dit en propres termes : « Ces blagueurs de gardes nationaux veu-« lent absolument qu'on leur fasse casser la gueule ; on va les y mener. » Ce propos soldatesque avait été traduit par les journaux dans un style moins pittoresque, mais plus académique : « La garde nationale veut une « saignée ; nous allons la lui faire faire. »

« La bataille est perdue, et voici les réflexions qui arrivent : « Ainsi ce « serait donc toujours la même chose ! Toujours on nous parlerait de « ces masses énormes d'artillerie qui, arrivées à la fin du jour, chan-« geaient la face du combat ! Qu'avait-on fait de ces centaines de canons « que nous avions par élan de souscription patriotique fait fondre et « offerts au gouvernement de la défense nationale ? Apparemment « il les gardait pour les offrir aux Prussiens le jour de la reddition. »

« Ce ne fut qu'un cri : « On n'est pas si maladroit que cela. » Puis, la réflexion aidant, on se demanda : Est-ce bien vraiment maladresse ? Ne serait-ce pas plutôt calcul ? Ne veut-on pas, en effrayant les imaginations, incliner les Parisiens à l'idée d'une capitulation ?

« Ceux qui pensaient ainsi, ET CE FUT BIENTOT TOUT LE MONDE, fai-saient remarquer la façon dont le *Journal officiel* venait d'annoncer les nouvelles qui lui étaient arrivées de province par pigeons. Nous ne tar-dâmes pas à connaître toute la vérité : elle était navrante... »

Voilà ce que contient un ouvrage répandu à des milliers d'exemplaires : On a voulu faire une saignée à la garde natio-nale ! l'auteur du livre constate que les journaux de l'époque l'ont dit : ce ne fut qu'un cri, ajoute M. Sarcey ; on parla d'abord d'incapacité, puis on se demanda si ce n'était pas calcul ; si on ne voulait pas effrayer les imaginations pour incliner la popula-tion à déposer les armes. Quant à ceux qui pensaient ainsi, *ce fut bientôt tout le monde !....* M. Vitu a écrit : La *conscience publique ;* M. Sarcey dit : *Tout le monde :* — où est la diffé-rence ? Et s'il n'y en a pas, vous voyez bien que M. Vitu a dit la vérité en écrivant que l'opinion publique avait condamné la coupable entreprise de Buzenval ; et s'il a dit la vérité, le gé-néral Trochu, qui poursuit en qualité d'ancien fonctionnaire pu-blic, est obligé de l'entendre et de la subir, car la loi ne veut pas que la vérité dite à un fonctionnaire public puisse encourir une flétrissure judiciaire !

Nous pourrions, Messieurs, multiplier des témoignages de ce genre. Voici par exemple quelques lignes adressées à M. Ernest Picard le lendemain de la bataille par un colonel de la garde nationale.

« Le généal Trochu..... déclare tout perdu ; nous n'avons, suivant sa coutume, qu'à humblement demander aux Allemands de vouloir bien nous accorder un armistice. A son incapacité vient-il se joindre de la folie ? car l'honorabilité de son caractère ne me permet pas de supposer une trahison, et pourtant ! ! »

Cette lettre fait partie d'un recueil intitulé : *Les fautes de la défense de Paris.* Le général Trochu n'a pas poursuivi l'auteur, pas plus qu'il n'a poursuivi M. Sarcey, pas plus qu'il n'a poursuivi l'écrivain de *Paris-Journal,* pas plus qu'il n'a poursuivi tant d'autres qui ont dit la même chose. Est-ce qu'on peut poursuivre l'opinion publique, l'assigner en justice, et infirmer par arrêt les jugements qu'elle porte sur les événements et les hommes ? Lorsqu'il s'agit de si cruelles catastrophes et de si grandes responsabilités, est-ce qu'on peut faire entrer dans le cadre étroit d'un procès des questions qui appartiennent à l'his-toire ? Si haute que soit votre juridiction, est-ce que vous voulez vous charger de dicter à la postérité le respect ou le discrédit dans lequel vivra la mémoire des hommes publics de notre temps ? Est-ce que vous voulez trancher les questions de savoir si la défense de Paris a été conduite avec génie ; si le Gouver-neur de Paris a pris avec dignité possession du pouvoir ; s'il pouvait loyalement dans la soirée du 4 septembre conserver le titre qu'il portait le matin, alors qu'une révolution avait ren-versé le gouvernement qui le lui avait conféré ? N'est-ce pas à la conscience nationale qu'il appartient de prononcer sur un débat dont les proportions dépassent les limites des réquisitoires et des plaidoieries ?

Eh bien ! puisque je ne parle que de Buzenval en ce moment,

vous voyez bien que l'auteur de l'article incriminé n'a fait que
confondre ses appréciations avec celles de l'opinion publique,
que la constater, y adhérer, la partager et s'en couvrir. Et l'on
a pu espérer qu'on atteindrait cette opinion publique en pour-
suivant un article de journal qui vit un jour, et que le grand débat historique se réduirait à une contestation judiciaire, qui eût
été, il n'y a pas longtemps encore, sous une législation qu'on a
eu tort de changer, déférée à la police correctionnelle! Non,
non! n'espérez pas cela! D'abord par les raisons que je viens
de tirer de la grandeur des événements, et ensuite par cette autre raison très-efficace et très-pratique qu'en disant que la conscience publique s'était soulevée contre la bataille de Buzenval,
l'auteur de l'article a rappelé un fait certain; qu'il a dit la vérité
au gouverneur de Paris, et qu'aux termes de la loi, il avait le
droit de la lui dire.

L'opinion publique! voulez-vous, Messieurs, l'étudier dans
tous les rangs de la population parisienne? Voulez-vous savoir quels sont les sentiments qui ont si fatalement surex-
cité certaines classes? Voulez-vous par exemple connaître l'une
des causes d'irritation qui ont contribué à l'effroyable ex-
plosion du 18 mars? Vous allez voir que Buzenval n'y est point
étranger, car voici entr'autres documents ce qu'a déclaré devant
la commission d'enquête parlementaire sur le soulèvement du
mois de mars, un honorable témoin, M. Hervé, rédacteur en
chef du journal de Paris. Il rend compte de l'état des esprits et résume ses conversations avec les habitants de Mont-
martre :

« Je vous cite leur langage; ils allaient jusqu'à dire pour l'affaire de
Montretout : « Ne nous a-t-on pas dit dans les journaux, au nom du
« gouvernement, qu'on n'avait fait la dernière sortie que pour donner
« une satisfaction morale à la garde nationale? Ne nous l'a-t-on pas dit à
« nous-mêmes, nos officiers ne nous ont-ils pas réunis pour nous décla-
« rer ceci : On vous a donné la satisfaction que vous vouliez; la garde
« nationale a été au feu, vous vous êtes bien conduits, mais on ne peut
« pas percer les lignes des Prussiens, il faut se rendre. Alors pourquoi

« nous a-t-on conduits au combat, si on ne croyait pas pouvoir percer
« les lignes ennemies? »

Est-ce assez clair, assez positif? Avons-nous assez prouvé
l'exactitude de l'assertion de M. Vitu affirmant que la conscience publique avait flétri l'entreprise de Buzenval ? Faut-il ajouter que le brave et respectable général Vinoy a constaté lui-
même dans son écrit intitulé, *Opérations de l'armée pendant
le siége :* QUE L'OPINION PUBLIQUE SE RETOURNA TOUT ENTIÈRE
CONTRE LES CHEFS QUI AVAIENT ORDONNÉ ET DIRIGÉ LA BA-
TAILLE? Faut-il dire de plus que l'honorable général apprécia
sévèrement la fameuse dépêche du gouverneur annonçant les
pertes subies dans la bataille?

« Il faut maintenant, disait la dépêche, parlementer d'urgence à
Sèvres pour un armistice de deux jours qui permettra l'enlèvement des
blessés et l'enlèvement des morts.

« Il faudra pour cela du temps, des efforts, des voitures très-solide-
ment attelées et beaucoup de brancardiers. »

M. Vitu a dénoncé cette dépêche, mais ici encore n'est-il pas
avec l'opinion publique? Le livre de M. Sarcey peut-il laisser
un doute? Le général Vinoy n'a-t-il pas dit à son tour ;

« La journée du 19 janvier ne fut pas aussi meurtrière que pouvaient le
faire supposer la longue durée du combat, la violence du feu de l'artillerie ennemie pendant le jour et la vivacité de la fusillade qui termina la
bataille. Mais Paris tout entier fut frappé d'une profonde et indicible
stupeur à la lecture d'une dépêche du gouverneur prescrivant « de par-
« lementer d'urgence à Sèvres pour un armistice de deux jours, » et
déclarant « qu'il fallait du temps, des efforts et beaucoup de bran—
« cardiers. »

« Cette dépêche, non moins *alarmante qu'exagérée*, devait jeter un
trouble douloureux dans la population qui avait vu partir pour le combat
qui venait de se livrer un grand nombre de ses enfants. Cependant, le
chiffre des hommes tués ou blessés ne dépassait pas 3,000, et c'était là
une perte relativement peu considérable pour une lutte où près de
85,000 hommes avaient été engagés. »

Vous appréciez, messieurs, la portée de chacune de ces paroles ; vous comprenez la réserve de l'honorable général ; et quand il blâme, lui, l'exagération de la dépêche du gouverneur, on comprend que l'opinion publique ait considéré cette dépêche comme destinée à exploiter l'effusion du sang, te qu'elle ait pensé que le Gouvernement d'alors n'avait point capitulé parce qu'il avait été battu à Buzenval, mais qu'on s'y était fait battre pour pouvoir capituler ! Tel était l'état de l'opinion publique et M. Vitu n'a fait, je le répète, que la constater.

V

Mais il y a mieux. C'est le témoignage de M. Trochu lui-même que je veux invoquer.

Il a publié un livre qu'il n'a pas craint d'appeler : *Une page d'histoire contemporaine* ..... vous entendez ..... une page d'histoire contemporaine !

Écoutez, messieurs !

« Elle (la France) est vaincue ; elle est humiliée, elle est ruinée, elle en demande la raison ; il faut la lui dire, et je la lui dirai... »

... Oui, parlant du pays au pays, je lui montrerai qu'il a préparé de ses propres mains sa ruine, en désertant, pour une part, le contrôle de ses affaires : en désertant absolument le contrôle de l'institution militaire, et en permettant qu'elle fût remplacée par une légende, illustre au plus haut point, mais tout à fait vieillie ; en permettant qu'à un moment donné, sous l'empire de certaines législations et de certaines excitations, la noble et austère fonction des armes devint une industrie ; en permettant que l'esprit de sacrifice et de dévoûment gratuit, qui est si naturel à l'armée française et dont elle vous donne, en ce moment même, de si éclatantes marques, dégénérât en spéculations personnelles ; en permettant enfin que s'introduisît dans les mœurs publiques un double fléau dont vous savez la double origine, le luxe anglais et la corruption italienne !

« J'offrirai à l'Assemblée une page d'histoire militaire et politique contemporaine, qui sera authentique.... »

Avez-vous entendu, Messieurs !....

2

Quel est donc ce censeur qui ose ainsi parler de la France à la France?... Elle est vaincue, humiliée, elle en demande la raison, c'est moi qui la lui dirai!... Je parlerai du pays au pays!... Je lui montrerai ses fautes!... Je lui révélerai que la noble et austère fonction des armes, n'était plus qu'une industrie! Que les mœurs publiques étaient infestées de la corruption italienne!...

Quel langage!...

Qui donc a rendu au pays d'assez illustres services pour se permettre de pareilles sévérités?... Quelle est donc l'incomparable et arrogante vertu qui a le droit de prononcer de telles remontrances?... Qui donc s'est élevé assez haut dans l'admiration et la reconnaissance publiques pour être autorisé à faire entendre ces enseignements et ces amertumes?...

C'est ainsi que vous parlez de la patrie! Ah! Nous vous reconnaissons bien le droit de vous agenouiller devant elle, mais non de la juger!...

N'est-ce donc pas assez de ses douleurs, de ses plaies béantes, de ses destructions, sans y ajouter encore vos ontrageantes objurgations!....

Sans doute nous devons tous nous recueillir, nous retremper dans les épreuves, devenir meilleurs et mieux mériter de la patrie! Mais est-ce à dire qu'il faille nous arracher les quelques joies qui ont traversé nos infortunes? Allez demander aux vainqueurs de Gravelottes, aux glorieux vaincus de Reischoffen s'ils se sont battus comme des gens qui font de la carrière des armes un vil métier, une spéculation et une industrie! Allez, vous, qui connaissez les généreux efforts des défenseurs de Paris, allez faire le compte de tant de brillantes saillies de courage, de tant d'exemples de sacrifice et de dévoûment qui ont été donnés sous tous les uniformes et dans tous les rangs sociaux! Allez aussi dans nos familles; allez demander à nos mères, à nos femmes, à nos sœurs, si elles savent ce que c'est que votre corruption italienne! Oh, de grâce, ne touchez pas à ces choses!...

C'est un fait étrange qu'il ait plu à l'infaillible clairvoyance de

l'ancien gouverneur de Paris de ne point signaler la vraie cause
de nos défaillances et de nos malheurs, qui n'est autre que nos
funestes et criminelles divisions intérieures !

On parle de fléau ; le voilà notre fléau ! Ce sont nos discordes
civiles, nos antagonismes implacables ! Ce sont ces hommes pour
qui les événements sont heureux ou néfastes, non en raison de
la prospérité ou de l'infortune qui en résulte pour le pays ; mais
en raison des chances qu'ils ouvrent à leurs égoïstes et détesta-
bles espérances ! M. Trochu n'en a-t-il point connu de ceux-là
parmi ses collègues du gouvernement?....

Et encore si la lutte n'existait qu'entre ceux qui veulent la
stabilité du bien et ceux qui rêvent la permanence du mal, la
prépondérance salutaire des premiers serait bientôt certaine.
Mais, parmi eux aussi persévèrent des divisions inflexibles qui
font que des hommes appartenant tous au grand parti de la conservation sociale et n'ayant que des raisons de s'unir et de s'ho-
norer entr'eux, s'exaspèrent et se poussent à bout les uns les
autres ; que tous s'épuisent dans des irritations, des ruptures,
des compétitions remplies à la fois de la plus âcre ardeur et de
la plus radicale impuissance ; et enfin que lorsqu'on en vient à
parler de conciliation, on le fait comme le faisait mon éminent
confrère à la dernière audience, l'amertume et presque la me-
nace à la bouche !....

Oui, voilà la vraie cause de notre faiblesse, de nos malheurs,
et qui reste, hélas! le péril du présent !

Ah! si nous étions plus serrés les uns contre les autres, plus
confiants les uns dans les autres, quels trésors de force et de
vitalité ce pays offrirait encore ! comme nous pourrions nourrir
au fond de l'âme nos silencieuses, patientes, indomptables espérances ! comme nous verrions bientôt remonter le flot de la
grandeur française ; de cette grandeur qui ne doit pas être seulement l'orgueil du passé, mais le tressaillement et la fierté de
l'avenir !...

VI.

Mais continuons d'interroger le livre de M. Trochu.

Quelle était, à l'origine, l'opinion du général sur la durée possible du siége?

Il déclare qu'il ne croyait pas que la résistance pût dépasser deux mois : « *Il faut que je le confesse*, dit-il, *je n'étendais pas mes espérances au-delà de soixante jours*. Et M. Trochu avait dit déjà *que d'après un axiome militaire absolu, une ville de guerre, quelle qu'elle soit, qui n'est pas soutenue opportunément par une armée préexistante, finit par tomber entre les mains de l'ennemi*. » Ainsi le gouverneur commençait la défense de Paris avec la conviction que la résistance ne pouvait se prolonger au-delà de deux mois, car il était impossible, suivant lui, de compter sur la coopération et l'assistance d'une armée de secours. *La défense de Paris*, avait dit le général Trochu, *n'est qu'une héroïque folie!*

Puis, le général révèle : *la combinaison militaire autour de laquelle*, dit-il, *ont tourné pendant deux mois sans que personne le sût, tous les efforts de la défense de Paris!* C'est le plan fameux dont on a tant parlé : il consistait à faire sortir 50,000 hommes, pour les pousser à marche forcée dans la direction de Rouen, puis vers la mer.

Voici la révélation de M. Trochu :

« C'est un principe que, lorsqu'une armée doit prononcer un effort dans une direction donnée, il faut que cet effort ait lieu dans la direction où il n'est pas attendu. Eh bien! dans l'immense périmètre de la place de Paris, une seule direction répondait à cette condition, une seule, et c'est, j'imagine, pour cela que jusqu'ici elle n'a pas été aperçue et que personne n'en a parlé : c'est la direction de Paris au Havre par Rouen.

« Là, messieurs, les deux bras de la Seine formant la presqu'île de Gennevilliers, opposaient à toute sortie des obstacles assez sérieux pour que l'ennemi songeât moins à se préparer de ce côté que de tous les autres côtés du périmètre. Et, en effet, à l'époque dont je parle, l'armée prussienne, dans cette zone qui a pour base la Seine, d'Argenteuil à Chatou, et pour sommet Cormeilles, n'avait fait là aucun dispositif défensif qui parût redoutable, et elle n'y montrait que quelques détache-- ments. Cette direction avait bien d'autres avantages : sur tout son parcours, elle était flanquée à gauche et protégée par le fleuve ; à droite, elle pouvait l'être par la petite armée qui s'était organisée à Lille et qui, descendant par Amiens, venait s'établir sur son flanc droit et pouvait communiquer immédiatement avec elle. En outre, l'occupation de l'ennemi ne dépassant pas alors la ligne de Pontoise à Mantes, en un jour, après un seul combat probablement, l'armée pouvait être portée en dehors de l'occupation prussienne, cheminer à marches forcées sur Rouen, grand centre de ravitaillement, et de là vers la mer, base d'opération universelle, puisqu'elle met l'armée en contact avec toutes les ressources du pays. TELLE ÉTAIT LA COMBINAISON MILITAIRE AUTOUR DE LAQUELLE ONT TOURNÉ PENDANT DEUX MOIS, SANS QUE PERSONNE LE SUT TOUS LES EFFORTS DE LA DÉFENSE DE PARIS. »

La nouvelle du succès de Coulmiers arrive ; vous croyez peut- être que c'est une nouvelle heureuse et qu'on peut se réjouir ? Non, il faut tenir cette victoire pour désolante ; car, dit le gé- néral Trochu : « ...... *La nouvelle du succès de Coulmiers renversa toute ma combinaison et tout l'avenir du siége de Paris.* »

Et en effet, voici ce qui se passe :

« A partir de ce jour se forma dans la population, dans la garde nationale, dans la presse, dans les municipalités de Paris, dans le gouvernement surtout, l'esprit que voici : il faut sortir de Paris, marcher au-devant de l'armée victorieuse et résoudre ainsi le grand problème qui pèse sur le pays.

« C'est vainement que j'expliquais que c'était là une théorie et des espérances auxquelles les faits ne répondraient pas. Il fallut marcher au-devant de l'armée victorieuse, laquelle, sans tenir aucun compte des efforts accumulés dans la direction de Rouen, s'annonçait venant à Paris par la direction d'Orléans. Ce fut là, je le répète, dans l'esprit de Paris, la date d'un véritable vertige : on considéra que, pour battre l'armée prussienne, il ne s'agissait que de renouveler l'effort qui avait créé le succès de Coulmiers...

« Je dus transporter de l'ouest à l'est tous les préparatifs que j'avais faits dans la plaine de Gennevilliers!...

« Ce fut un travail immense, *que je croyais à peine possible...*

« Je doute que jamais général en chef ait rencontré, dans le cours des faits qui créent sa responsabilité, un accident plus douloureux que celui que je viens de vous montrer : *car j'étais bien assuré que quand j'aurais fait, plus ou moins impuissamment l'effort très-périlleux que j'allais tenter, je ne trouverais plus libre la direction de Rouen;* et en effet quand j'y revins, l'ennemi occupait Rouen, et il allait jusque sous les murs du Havre. »

Ne trouvez-vous pas cela bien étrange, Messieurs?

M. Trochu avait foi dans la combinaison que son esprit avait enfantée; *tous les efforts de la défense de Paris avaient convergé, pendant deux mois,* vers la réalisation du plan qui devait envoyer 50,000 hommes du côté de Rouen et de la mer; et voici que le gouverneur va se soumettre à une pression qui le pousse dans une direction contraire, et dans ce qu'il considère comme une aventure insensée!... Et le gouverneur se met à transporter de l'Ouest à l'Est tous les préparatifs qui avaient absorbé les deux premiers mois de la défense!.... Il entreprend ce travail *qu'il croit à peine possible,* dit-il; et il est convaincu que lorsqu'il aura tenté stérilement un effort du côté d'Orléans, il ne sera plus temps de le reprendre du côté de Rouen!...

C'est à n'y pas croire!

Si le plan primitivement conçu méritait ces deux premiers mois d'efforts que vous lui avez consacrés, comment cédez-vous à une pression funeste, vous qui avez le commandement suprême de toutes les forces militaires? Comment n'avez-vous pas l'énergie de résister? Ou bien, si vous êtes contraint, comment restez-vous le chef du gouvernement au moment où l'on vous force de déserter la réalisation du plan qui doit être, suivant vous, le salut de Paris et de la France? Comment vous décidez-vous à entreprendre ce transport de l'Ouest à l'Est de tous les préparatifs, alors que c'est, dites-vous, un travail immense *que vous croyez à peine possible?* S'il est à peine

possible, pourquoi l'entreprenez-vous? Et si ce travail immense
et à peine possible doit rester en outre fatalement stérile, pourquoi le tenter, alors que vous lui sacrifiez votre prétendu mouvement sauveur, qui, suivant vous, deviendra plus tard irréalisable? De telle sorte que vous n'espérez rien du côté d'Orléans
où vous allez, et que vous délaissez vos savantes espérances
du côté de la mer, où vous n'allez plus? Oui, c'est à n'y pas
croire!....

Et puis comment va-t on s'y prendre?

On va, dit le général Trochu, préparer les batailles du 30 novembre et du 2 décembre de Villiers et de Champigny et notamment occuper le plateau d'Avron.

« C'était, dit M. Trochu, une position très-intéressante, je le reconnais; mais elle était dominée sur les trois quarts de son périmètre, par
des hauteurs plus élevées; occupées par l'armée prussienne, à une demi-
portée de canon; elle était découverte, et enfin la nature de son sol n'y
permettait pas de travaux profonds, des travaux d'abri. Par conséquent,
l'occupation du plateau d'Avron, dans les circonstances ordinaires du
siége, m'apparaissait comme une faute grave pour l'avenir, et je me re-
fusais à la commettre. J'ai dû me décider à m'y établir... »

Ainsi M. le général Trochu commence par dire que c'était une
position très-intéressante, sauf qu'elle avait le bien grave défaut
d'être dominée sur les trois quarts de son périmètre par des hauteurs plus élevées, occupées par l'armée prussienne et à une
demi-portée de canon; de plus elle était découverte et on n'y
pouvait creuser des travaux d'abri; c'était une faute de s'y établir, dit le général Trochu, ce qui paraît assez clair; mais on se
décide à s'y installer sauf à l'abandonner lorsqu'on n'y pourra
plus supporter le feu intolérable de l'ennemi.

Les batailles de Villiers et Champigny sont livrées; quelle est
la situation?

« Paris, dit le général Trochu, était définitivement abandonné à lui-
même. Pour moi, il l'avait toujours été, je vous l'ai dit. »

Paris est donc abandonné à lui-même; c'est l'agonie qui com-

mence. Cependant on se bat encore le 21 décembre depuis Ville-
Evrard jusqu'au Bourget; ce même Bourget où peu de temps
auparavant était mort en héros un jeune commandant de mobiles, Ernest Baroche, dont le nom, oublié ou supprimé dans les
ordres du jour du gouvernement, dut y être rétabli devant les
réclamations unanimes de l'opinion publique, et aussi devant les
hommages rendus à son courage par l'ennemi qu'il avait si éner-
giquement combattu.

Après la bataille du 21 décembre l'armée de la défense est ra-
menée dans ses cantonnements.

Le général Ducrot se prononce sur l'impossibilité de livrer
désormais une bataille.

« C'est alors que le général Ducrot se présenta à moi et me dit :
« l'état des troupes ne permet plus les grandes entreprises; je crois
« qu'il faut se renfermer dans la défensive, jusqu'à ce que nous en soyons
« venus à notre dernier morceau de pain. »

VII

Eh bien, quelle pouvait donc être la situation d'esprit du général Trochu, quelles pouvaient être ses espérances à la veille
du 19 janvier, lorsqu'il allait livrer la bataille de Buzenval et
pousser la garde nationale de Paris sous le canon prussien?

C'était, dit le gouverneur, pour tenter un dernier effort.

Or le général Trochu croyait-il que ce dernier effort put réus-
sir? Croyait-il à la possibilité d'un succès? Lui, qui n'avait jamais cru au succès, y croit-il tout à coup, alors que la capitulation est imminente? Croyait-il au succès au début du siége
lorsqu'il décorait la défense de Paris du nom d'héroïque folie?
Croyait-il au succès lorsque ses prévisions ne prolongeaient pas
la durée de la résistance au delà de soixante jours? Croyait-il au
succès lorsqu'il disait que Paris ne pouvait utilement se défendre qu'avec l'aide d'une armée de secours, et que dans son opinion aucune armée n'était en état de tenir la campagne devant

l'ennemi? Croyait-il au succès lorsqu'il abandonnait la sortie vers l'ouest qui avait été la merveilleuse méditation de son esprit pendant deux mois, pour se jeter dans une direction qu'il considérait comme fatale? Croyait-il au succès, lorsqu'il essayait de sortir au devant de l'armée de la Loire qu'il était certain, dit-il, de ne pas rencontrer? Croyait-il au succès lorsqu'il faisait des opérations comme celles de l'occupation du plateau d'Avron, qu'il savait être une faute? Croyait-il au succès lorsqu'il déclarait après les batailles de la Marne que tout espoir de secours était perdu? Croyait-il encore au succès, lorsque l'intrépide Ducrot avait déclaré qu'il ne voyait plus de grandes entreprises à tenter?

Ce que croyait le gouverneur de Paris, voulez-vous le savoir, Messieurs? Ecoutez ceci, c'est le témoignage d'un homme qui déclare n'avoir personnellement que des sentiments de déférence pour M. le général Trochu ; c'est le témoignage de M. de Kératry devant la commission d'enquête sur le 18 mars.

Ecoutez :

« Jamais le gouverneur de Paris n'a cru à une défense efficace. Or, quand on ne croit pas à la possibilité d'une entreprise, il est souverainement imprudent et dangereux d'en accepter la direction. Sans cesse, le soir, à l'Hôtel de Ville, il nous répétait que la défense était impossible, que Vanves et Issy tomberaient fatalement avant quinze jours aux mains des Prussiens, et que nous ne pouvions que *chicaner* l'ennemi. C'était son mot favori. Chaque fois qu'une affaire de quelque importance, heureuse au début, s'achevant toujours par la retraite avait eu lieu, il se félicitait en disant : « Nous les avons encore un peu chicanés. » Il était de bonne foi, il ne tentait la résistance que pour l'honneur.

« Pour moi, voilà toute l'explication de ces sorties tronquées et avortées contre l'ennemi. Avec un pareil plan, il était impossible de rencontrer le succès. Quand on n'a pas la foi, on ne la communique pas à toute une population aussi prompte à toutes les sensations. Et puis, est-il bien, sous l'empire de semblables prévisions, de sacrifier hommes et millions pour paraître marcher à un résultat qu'on croit irréalisable et intangible?

« Mieux vaut ne pas retenir le pouvoir, quand on se sent impuissant pour l'exercer...

« Pour moi, il cherchait à gagner du temps vis-à-vis des agitateurs de l'intérieur, tandis qu'il en perdait vis-à-vis des Prussiens; et je reste convaincu que, si le général Trochu s'était montré plus énergique et plus vigoureux, jamais la Commune, privée du premier coup de ses chefs véritables et intimidée dans ses couches inférieures, ne se fût installée à Paris. »

Voilà ce qui est déclaré devant une commission parlementaire. Or je vous le demande, qu'est-ce que l'article de M. Vitu à côté d'un pareil document? Les faits attestés par M. de Kératry ne sont-ils pas autrement graves et accablants que ce qui est écrit dans l'article poursuivi? Voilà ce que la commission d'enquête livre à la publicité; M. le général Trochu n'a jamais cru à la défense de Paris; il a toujours pensé qu'on ne pouvait que chicaner l'ennemi; après chaque affaire importante s'achevant par une retraite, le gouverneur se félicitait en disant : *Nous les avonsencore un peu chicanés*.

Et puis le témoin ajoute ces réflexions, qui sont dans la conscience de tous : Est-il bien, sous l'empire de semblables prévisions, de sacrifier hommes et millions pour paraître marcher à un résultat qu'on croit irréalisable? A-t-on le droit de retenir le pouvoir quand on se sent impuissant pour l'exercer? Le gouverneur de Paris ne cherchait qu'à gagner du temps vis-à-vis des agitateurs, tandis qu'il en perdait vis-à-vis des Prussiens?

Voilà ce qu'enregistre la Commission d'enquête.

Et c'est en présence de pareils documents qu'on croit pouvoir étouffer le grand débat engagé devant l'opinion publique! l'étouffer à l'aide d'un petit procès en diffamation à propos d'un éphémère article de journal!... Après avoir chicané les Prussiens, on voudrait chicaner l'histoire!... Mais vous voyez bien, Messieurs, que ce qu'a écrit M. Vitu déborde partout, dans la presse, dans les livres, dans les enquêtes parlementaires, et jusque dans le discours de M. Trochu, dans ce discours étrange dont la forme est celle d'une exubérante apologie, et le fond, celui d'une poignante confession!

Je vous présente donc, Messieurs, un ensemble de documents dans lesquels l'article de M. Vitu est noyé; et malheureusement, je n'ai pas fini, car en voici un autre bien considérable : c'est ce qu'a écrit un homme investi d'une grande autorité en matière d'organisation de l'armée et d'opérations militaires, M. le baron Stoffel, dont le nom a retenti souvent depuis la publication de ses rapports sur l'armée prussienne. Je suis obligé de vous faire connaître le jugement qu'il porte sur la défense de Paris; c'est écrasant ! Et, permettez-moi de vous le dire, je regrette d'être obligé d'accumuler ainsi tant de témoignages de cette nature. Il n'est, je vous assure, ni dans la nature de mon esprit, ni dans mes goûts, ni dans les sentiments de mon âme, de me complaire au milieu des amertumes de ce procès; mais ce n'est pas par nous que le débat a été soulevé; nous sommes, nous, au banc de la défense, et je dois faire mon devoir jusqu'au bout.

Eh bien, voici ce qu'écrit M. le baron Stoffel dans la préface qui précède ses rapports sur l'armée prussienne :

« Quant à la défense de Paris, attendez, mon cher ami, pour vous former un jugement, que la lumière se fasse. Ne croyez rien de ce que diront les personnes intéressées ou les membres de cette détestable société, dite d'admiration mutuelle, qui nous trompe et nous déprave depuis plus de trente ans. Ils abusent de notre crédulité et de notre vanité nationale, pour nous représenter la défense de Paris comme une défense sublime; mais suspendez votre jugement, et je vous donnerai des renseignements qui vous démontreront que le commandant en chef a fait de la défense de Paris un épisode où le grotesque le disputait au lugubre, et que son ineptie y a atteint de telles limites qu'elles *ont touché de près au* CRIME. »

Que voulez-vous, Messieurs, c'est navrant !... Et quand je pense que nous sommes ici à l'occasion de l'article de M. Vitu, je me demande si ce n'est pas là un procès insensé. Voyons ! où donc est l'accusé aujourd'hui ?... Est-ce ici, ou là?... Je ne sais plus... Nous ne sommes venus cependant, nous, que pour nous défendre, et parce qu'on nous a contraints de venir ! Mais voici que de toutes parts nous arrivent des témoins qui semblent élever la voix en notre faveur, et s'écrier : Ce que vous avez dit, nous l'avons dit avant vous; nous en avons dit plus que vous; nous l'avons dit avec plus d'autorité que vous; nous venons nous interposer entre le général Trochu et vous!

Oui, Messieurs, ces accusations, ces mots d'incapacité, de crime, ils ont rempli les journaux du temps; ils ont couru dans tous les rangs d'une population frémissante; ils ont pénétré dans les livres; ils sont en ce moment même imprimés dans les enquêtes parlementaires; ils se retrouvent dans le jugement porté par des hommes spéciaux, et alors, je vous le répète, c'est là un débat que M. Trochu ne parviendra pas à étrangler en cour d'assises!

Ce mot de crime qu'on nous reproche, mais nous allons le trouver jusque dans le discours de M. le général Trochu.

Il nous raconte qu'après la bataille de Buzenval, la garde nationale voulait recommencer, mais qu'il déclara que ce serait *un crime militaire*, et qu'il ne le commettrait pas.

Voilà donc le mot *crime* prononcé par le général Trochu, avec cette seule différence qu'on lui reproche de ne l'avoir prononcé qu'au lendemain de Buzenval, au lieu de le faire entendre la veille. Est-ce que dès la veille la capitulation n'était pas imminente, inévitable? Savez-vous ce que M. le général Trochu a déclaré devant la Commission d'enquête sur le 18 mars? Il a déclaré qu'il avait été décidé en conseil du gouvernement que lorsqu'on n'aurait plus que sept jours de vivres, M. Jules Favre irait traiter à Versailles. Or, la bataille de Buzenval a été livrée le 19 janvier et les négociations pour la capitulation ont commencé dès le 23. On devait donc savoir, en envoyant la garde nationale au feu le 19, qu'on capitulerait aussitôt après.

Voici ce que dit M. le général Trochu devant la Commission d'enquête parlementaire :

« Il fut décidé en conseil qu'alors que nous n'aurions plus que sept ours d'existence devant nous, M. Jules Favre irait traiter à Versailles d'un armistice, qui était, en fait, une capitulation, devant une partie de la population et toute l'armée de la démagogie, qui s'y refusaient absolument. »

Ainsi, il était décidé que lorsqu'on n'aurait plus que sept jours de vivres, M. Jules Favre irait traiter à Versailles. Or, on a négocié dès le 23 janvier; donc le 19, jour de la bataille de Buzenval, on ne pouvait conserver aucune illusion sur la nécessité d'une capitulation.

Mais on avait dit dans les conseils du gouvernement, non pas M. Trochu, mais un autre, — M. le marquis de la Roche-Thulon a reproduit ces paroles dans un rapport présenté à l'Assemblée nationale — : *L'opinion publique ne sera calmée que lorsqu'il y aura dix mille gardes nationaux par terre* (1) !

C'est horrible, Messieurs !

Eh bien ! telles sont les circonstances dans lesquelles la bataille de Buzenval a été livrée; voilà pourquoi, apparemment, elle a été si mal conduite, non pas intentionnellement, cette pensée ne peut venir à personne, mais par découragement ou impéritie. Je ne me permets pas d'avoir une opinion personnelle sur un semblable sujet, mais je sais, comme tout le monde, ce qu'on a dit de ces dispositions si mal prises; de ces signaux donnés à contre temps; de ces corps arrivés sur la droite après l'heure fixée; de cet encombrement des routes; de ces divisions arrêtées dans leur marche par des batteries d'artillerie mal dirigées; de cette attaque qui devait être générale et simultanée, et qui a dégénéré en tentatives partielles et successives; de ce mur crénelé qu'on ne put abattre faute d'avoir de l'artillerie là où elle était nécessaire, et devant lequel tombèrent inutilement tant de courageuses victimes; de ce désordre qui a fait que les nôtres, sur certains points, se fusillaient entre eux !

Voici, au surplus, ce qu'en dit le général Trochu après avoir cité des exemples de l'affreuse incohérence de cette bataille :

(1) Voir la déposition du général Ducrot dans l'enquête sur l'insurrection du 18 mars 1871.

« Soyez sûrs que lorsqu'à la guerre, on accumule devant des troupes régulières des troupes qui ne le sont pas, le désastre, qu'on va inévitablement recueillir, est directement proportionnel à l'importance numérique des foules qu'on a menées à l'ennemi. »

Vraiment, M. le général Trochu aime tant à professer et à formuler des sentences, qu'il finit par s'en infliger de cruelles à lui-même.

Soyez sûrs, dit-il, que lorsqu'à la guerre on accumule devant des troupes régulières des troupes qui ne le sont pas, on va inévitablement recueillir un désastre. Le sang versé est alors proportionnel à l'importance numérique des foules menées à l'ennemi. Telle est la moralité militaire tirée de la bataille de Buzenval ! C'est-à-dire que vous marchiez à un désastre inévitable à la veille d'une capitulation encore plus inévitable !

Eh bien ! si vous dites cela vous-même, comment prétendez-vous empêcher les autres de le dire !... Vous n'y parviendrez pas.

Aussi tout le monde l'a dit, et c'est pour cela que nous ne sommes pas seuls à cette barre ; nous y sommes avec ces écrivains qui ont vengé, dans les journaux et dans les livres, les victimes de Buzenval ; avec les témoins entendus dans les enquêtes parlementaires et dont nous avons cité les appréciations accablantes ; avec ces hommes spéciaux, qui ont, comme le baron Stoffel, dénoncé au pays une incapacité touchant presqu'au crime ; avec M. Trochu lui-même qui déclare que lorsqu'on accumule devant des troupes régulières des troupes qui ne le sont pas on court à un désastre inévitable ! Et c'est avec ce cortége, ou plutôt c'est perdus dans cette foule que nous nous présentons devant vous, Messieurs les jurés, et que nous vous supplions de dire à votre tour si nous devons, nous, porter une responsabilité particulière, et si nous devons sortir d'ici avec la douleur d'un verdict réprobateur ! Ah ! vous ne le voudrez pas ! Au nom de la conscience publique ; au nom de la libre discussion d'événements aussi funestes ; au nom du pays qui veutqu'on lui dise tout ; au nom de l'histoire, vous ne le voudrez pas !

Comment ! le général Trochu s'affranchirait de la discussion publique, comme il s'est affranchi des dernières angoisses du siége en donnant sa démission de gouverneur et en laissant au brave général Vinoy l'amertume de la capitulation ! « Je n'ai pas donné ma démission, dit-il, j'ai été destitué ! » Eh bien qu'il se mette d'accord avec le vice-président du gouvernement de la défense nationale, avec M. Jules Favre qui a déclaré devant la commission d'enquête parlementaire que M. Trochu *après avoir donné sa démission de gouverneur* était resté président du gouvernement ; et qu'on ne demande pas à un journaliste de savoir mieux l'histoire du gouvernement du 4 septembre que le vice-président de ce gouvernement.

Et, d'ailleurs qui pourra croire que M. Trochu ait subi une destitution alors qu'il restait chef du gouvernement ! De telle sorte qu'il se serait destitué lui-même ! M. Trochu chef du gouvernement aurait révoqué M. Trochu gouverneur !

Qu'on explique donc comment il a pu concilier dignement cette révocation avec la conservation du titre présidentiel !

Et enfin, puisque sa démission était donnée, il aurait bien dû faire définitivement trêve avec les publications à effet, garder enfin le silence, et notamment s'abstenir de sa vaine manifestation au sujet de l'entrée des Prussiens aux Champs-Elysées :

« Laissez briser vos portes par le canon, ne les ouvrez pas ! »

Vous savez, Messieurs, quelles étaient les redoutables difficultés du moment, la surexcitation des masses, les anxiétés que faisaient naître l'imminence déchirante de l'entrée des Prussiens, les éventualités d'un conflit que le moindre incident pouvait faire surgir et qui pouvait mettre la ville à feu et à sang. Eh bien, M. le général Trochu, gouverneur démissionnaire, c'est-à-dire qui s'était dérobé au moment de la capitulation, reparaissait en scène pour souffler sur un brasier incandescent : Fermez les portes de la ville et que l'ennemi soit forcé de les ouvrir par le canon auquel Paris ne répondra pas ! Comme s'il eût été possible dans le cas où l'ennemi serait entré dans Paris à coups de canon de prévoir, d'empêcher, de limiter les conflits et les désastres !

Aussi, Messieurs, cette lettre a-t-elle été sévèrement condamnée par la commission d'enquête sur le 18 mars !

C'est ainsi que M. le général Trochu a quitté le pouvoir. Nous allons voir maintenant comment il y était monté !

(L'audience est suspendue. Elle est reprise une demi-heure après et M. Grandperret continue.)

VIII

Je veux m'efforcer, Messieurs, de retenir le moins longtemps possible votre attention.

Je vous dois d'abord quelques renseignements sur la carrière militaire de M. Trochu, non point pour protester contre les éloges que mon confrère lui a décernés. Il ne peut y avoir ici qu'une voix sur les brillants services du général, en Afrique, en Crimée, en Italie ; sur son courage, sur son intelligence professionnelle. Mais à l'en croire, il aurait été sous le régime impérial l'objet d'une malveillance persévérante ; il aurait été méconnu, disgracié, et il n'avait rien moins fallu qu'une révolution pour voir briller dans tout leur éclat des facultés politiques et militaires trop longtemps étouffées.

Eh bien il faut, Messieurs, que vous puissiez apprécier si ce n'était point là de la part de M. Trochu un mal d'imagination ; s'il a été, comme il l'a dit si souvent, et comme il l'a cru sans doute, l'objet de la malveillance gouvernementale.

Il était, en 1850, chef d'escadron d'état-major. On vous a parlé d'un incident de la fin de 1850, avec cette facilité qu'on a toujours de raconter d'une certaine façon les circonstances lointaines, et à la suite duquel le général Neumayer et son aide de camp, le chef d'escadron Trochu, auraient été frappés de disgrâce. Ce qu'on n'a pas dit : c'est que ce fut à la suite d'un grave dissentiment entre le gouvernement et l'honorable général Changarnier que M. Neumayer, alors sous les ordres de Changarnier, fut privé un instant de son commandement.

On me fait un signe de dénégation, je croyais mes renseignements très-exacts ; mais en présence des protestations de M. le général Trochu, je suspends l'allégation, que je me supposais autorisé à produire.

Mais ce qui ne sera pas démenti, c'est que l'infortune de M. Neumayer ne fut pas de longue durée, car il fut nommé commandant des deux divisions de Vannes et de Nantes, puis grand officier de la légion d'Honneur ; et quant à son aide de camp, je chef d'escadron Trochu, il était promu par le Prince-Président dès le 3 janvier 1851 au grade de lieutenant-colonel.

C'est en cette qualité, qu'il fut appelé un an plus tard à exercer des fonctions au ministère de la guerre. Le maréchal de Saint-Arnaud, de vaillante mémoire, avait pris possession de ce ministère au mois d'octobre 1851 ; il y avait organisé un service très-important comprenant le personnel, les opérations militaires, le recrutement, et il nomma le lieutenant-colonel Trochu directeur-adjoint de ce service dans lequel se concentraient les affaires les plus graves et les plus confidentielles.

C'est le 7 janvier que M. Trochu fut investi de ces fonctions.

Or, on reproche à M. Vitu d'avoir diffamé M. Trochu en lui attribuant sa coopération ou son adhésion aux événements du 2 décembre, et M. Trochu a fait lire à l'audience, je ne sais quelle lettre de famille qu'il aurait écrite alors contre le 2 décembre et qu'il n'a certainement pas communiquée au maréchal de Saint-Arnaud, lorsqu'il acceptait un emploi considérable dans son ministère.

Nous pourrions nous borner à répondre que M. Vitu n'a pu avoir l'intention de diffamer M. Trochu en constatant son adhésion à des événements dont les opinions politiques de M. Vitu acceptent la solidarité. Autrement M. Vitu se serait diffamé lui-

3

même, ce que personne ne supposera. Il a voulu seulement exprimer cette pensée que le général n'était pas un si farouche adversaire du régime inauguré le 2 décembre, puisqu'il était entré au ministère si peu de temps après le coup d'État. Et il faut que vous sachiez la date de son acceptation.

On vous a dit par erreur qu'il était entré au ministère le 17 juin 1852 (signes de dénégation du général Trochu).

Oh! cette fois je n'accepte pas la rectification, j'ai pris une note précise.

— M° Allou : j'ai dit cinq semaines après le coup d'état.

— M° Grandperret : ah ! à la bonne heure, nous sommes d'accord cette fois, mais vous aviez parlé du 17 juin.

Ainsi, le 7 janvier M. Trochu entrait au ministère de la guerre, trente-six jours après les événements de décembre ; sous les ordres du maréchal Saint-Arnaud qui les avait accomplis, alors qu'on se trouvait encore dans la période dictatoriale.

Il s'agissait d'un poste auquel le ministre appelait évidemment un homme ayant sa confiance, et M. Trochu ne permettrait à personne de dire que cette confiance pût être trompée. A vous, Messieurs les jurés, d'apprécier si c'était là ou non un acte d'adhésion au 2 décembre.

Voilà donc M. Trochu au cœur de l'administration de la guerre avec le grade de lieutenant-colonel. Il faut maintenant qu'il passe colonel ; mais la loi de 1832 sur l'avancement dans l'armée est impérative : Nul ne peut être colonel s'il n'a servi, au moins deux ans, dans le grade de lieutenant-colonel. Les deux ans étaient absolument nécessaires ; au delà, M. Trochu pouvait être nommé, si le gouvernement ne le faisait pas trop attendre.

Savez-vous combien dura l'attente? Elle dura dix jours. M. Trochu fut nommé le 14 janvier 1853, après deux ans et dix jours de service dans le grade de lieutenant-colonel.

Venait ensuite le grade de général de brigade ; M. Trochu passa après un an et dix mois de grade.

Enfin il fut nommé général de division. Le dictionnaire bio-
graphique de Vapereau place cette nomination à la date du
24 mai 1859, ce qui est une erreur, car M. Trochu avait été
nommé dès le 4 mai au moment où les troupes françaises fran-
chissaient la frontière.

Plus tard on lui proposait de commander l'expédition de Chine,
qu'il refusa et dans laquelle un autre général s'illustra.

Puis encore il était appelé en 1866, sur l'ordre de l'Empereur,
à faire partie, sous la présidence du souverain et avec les maréchaux de France et six ministres, de la haute commission militaire chargée de réorganiser l'armée.

Enfin dans la dernière guerre, il avait été appelé à commander un corps d'armée sous les ordres du maréchal Mac-Mahon.

Et puis, l'Empereur ne manqua point de témoigner un vif intérêt au général Trochu lorsqu'un malheur de famille vint le
frapper. Son frère, sous-intendant militaire, était mort, laissant une veuve sans fortune avec onze enfants; l'Empereur s'em-
pressa d'envoyer à celle-ci un secours de 20,000 fr. Le général
ne voulut pas que sa sœur accepta ce secours en argent, mais la
bienveillance de l'Empereur ne se découragea point, il offrit et
fit accepter un bureau de tabac à Paris dont le revenu était trois
ou quatre fois plus considérable que celui du capital refusé.

Vous voyez, Messieurs, de quelle défaveur persistante le général Trochu a été l'objet. Et il ne se faisait point faute de s'en
plaindre; et d'en parler avec abondance : On se défiait de lui, on
le méconnaissait, on le délaissait.

A toutes les époques, Messieurs, il y a eu de ces personnages considérables et mécontents, qui se répandent en amertume; qui se disent négligés, tenus dans l'ombre, injustement
froissés. Et ces hommes là, les gouvernements ont différentes
manières de les traiter. Ainsi par exemple, un roi d'Espagne,
le sombre Philippe II disait d'un personnage de son temps :
« *Il aime à passer pour un martyr il le sera.* » Et le roi tint
cruellement parole. Mais un autre souverain, le prince d'O-

range, le Guillaume III des Anglais, qui avait plus d'esprit et
qui fut un plus grand prince que Philippe II, disait dans une situation analogue d'un homme qu'il avait bien traité et qui restait mécontent : « *Il a toujours voulu passer pour une victime, mais j'ai toujours pris plaisir à le désappointer...* »
Eh bien, Messieurs, l'empire a toujours désappointé M. Trochu,
et il a toujours eu raison.

Il a toujours eu raison si ce n'est, Messieurs, à la veille du
4 septembre, car il faut arriver à cette date funeste et au rôle
joué ce jour-là par le gouverneur de Paris.

IX

M. le général Trochu était arrivé à Paris dans la nuit du
18 août.

Le voilà à Paris avec le titre et les pouvoirs de gouverneur. Il
revient de Châlons ; c'est l'Empereur qui l'envoie ; l'Empereur
est vaincu ; il est sous le poids d'une immense douleur ; il ne
commande plus l'armée, mais il pense à la défense de Paris et il
cherche autour de lui une grande intelligence et une grande
loyauté. M. le général Trochu est choisi... Ah, Messieurs, c'est
un grand honneur, selon moi, d'être appelé par un souverain
qui tombe ! Aux jours de prospérité ce n'est rien ; aux jours d'infortune c'est le plus noble hommage que puisse recevoir un
homme de cœur ! M. Trochu eut cet honneur !

Peut-être Me Allou n'a-t-il pas eu le sentiment de cette situation lorsqu'il vous a dit qu'on avait tout simplement cherché à
s'abriter derrière la popularité du général Trochu. La réponse
se trouve dans la déposition du maréchal de Mac-Mahon. L'Empereur hésitait à confier la défense de Paris au général Trochu
qu'on lui proposait ; il demanda conseil à l'illustre maréchal et

celui-ci répondit : « Sire, je le crois un honnête homme. » C'est ce mot qui décida l'Empereur. Ce n'est donc pas l'homme populaire qu'on envoyait à Paris, c'était l'honnête homme !

Il arrive donc à Paris, mais il n'y revient pas seul ; il y ramène plusieurs bataillons de mobiles. C'est bien lui qui les ramène. Il avait obtenu un ordre de l'Empereur, soit ; mais cet ordre avait été sollicité par le général, il l'a dit lui-même dans la proclamation qu'il adressait aux bataillons arrivant de Châlons :

« J'ai demandé votre appel immédiat à Paris parce que c'était votre droit, parce que votre devoir est là, parce que j'ai en vous la confiance la plus entière. »

Voilà qui tranche tout ; c'est le général Trochu qui s'adresse aux mobiles : « J'ai demandé votre appel immédiat à Paris, parce que c'était votre droit, parce que votre devoir est là, parce que j'ai en vous la confiance la plus entière. »

C'est M. Trochu qui parlait ainsi. Mais nous n'aurions pas sa proclamation que le doute ne serait pas davantage possible. Voici, par exemple, une lettre publiée par le général Pajol, sur l'attitude du général Trochu, à l'égard de l'Empereur, et sur l'envoi des dix-huit mille mobiles.

« L'Empereur avait quitté l'armée de Metz après en avoir confié le commandement au maréchal Bazaine ; il se dirigea par Verdun sur Châlons, où il devait trouver réunis les débris du 1er corps (Mac-Mahon), le 5e (de Failly), le 7e (Douai), et le 12e, nouvellement formé, sous le commandement du général Trochu. Nous rencontrâmes à Suippes ce dernier qui venait se mettre à la tête de ses troupes ; il monta dans le wagon de l'Empereur, prit avec effusion les mains de Sa Majesté, et lui exprima dans les termes les plus chaleureux les sentiments d'un attachement profond et d'un dévoûment très-expansif. Je relate ce fait sans malice et non pour l'opposer à ce qui s'est passé depuis, mais, uniquement, pour vous montrer qu'à cette époque nous étions tous autorisés à faire fond sur la sincérité du général.

« Le lendemain de notre arrivée un conseil de guerre eut lieu. Le général Trochu en a raconté depuis les détails à la tribune de l'Assemblée nationale, mais rien alors ne transpira sur ce qui y avait été arrêté·

Seulement nous apprîmes que le commandant du 12ᵉ corps cédait son commandement au général Lebrun et partait immédiatement avec le titre de gouverneur de Paris, emmenant avec lui — ET SUR SA DEMANDE EXPRESSE — les dix-huit bataillons de la garde mobile de la Seine. Nous fîmes la réflexion que ces jeunes troupes auraient été un appoint considérable dans l'armée, déjà faible, tandis qu'ils ne pouvaient et ne devaient être dans Paris qu'une cause de désordres. Ils avaient déjà, vous le savez, donné au camp de Châlons des preuves d'une indiscipline qu'ils n'auraient sûrement pas manifestée devant les Prussiens. »

Ces réflexions sont précisément celles que fit naître dans tous les bons esprits le retour des mobiles. Pourquoi affaiblir l'armée qu'on avait tant de peine à renforcer? Pourquoi attirer à Paris une troupe qui eût fait bonne contenance devant l'ennemi, mais dont la turbulence devait s'aggraver à Paris? Or, d'après le général Pajol, c'est sur la demande expresse du général Trochu que les mobiles l'avaient accompagné.

On comprend la nature des vives explications qui furent échangées dans les hautes régions gouvernementales. Le ministre de la guerre disait avec beaucoup de raison et il l'a répété depuis dans un ouvrage qu'il a publié, que ces jeunes mobiles de la Seine, pleins de bravoure devant l'ennemi, n'étaient dans Paris que des auxiliaires de la révolution. C'était une force de moins contre les Allemands, une force de plus contre l'ordre.

Ces observations étaient très-sensées, mais il n'en est pas moins vrai que ce retour des mobiles à Paris, avait été, de la part de M. Trochu, la condition impérieuse de son acceptation des fonctions de gouverneur. C'est le maréchal Mac-Mahon qui l'a déclaré.

Je sais très-bien ce qu'ont dit les généraux Berthauld et Schmith, mais leurs renseignements n'infirment pas pour moi ni pour personne le témoignage de l'illustre maréchal. Il est d'ailleurs très-possible et même très-probable que l'Empereur n'ait pas été aussi communicatif avec deux simples généraux de brigade, MM. Schmith et Berthauld, qu'avec M. de Mac-Mahon, à qui au contraire il a dû s'ouvrir et faire connaître exactement l'exigence du général Trochu. Ce qui est certain, c'est qu'au sein de la commission d'enquête parlementaire sur le 4 septembre, un membre de cette commission a insisté auprès du maréchal, pour qu'il s'expliqua avec précision sur le point de savoir si c'était bien M. Trochu qui avait exigé le retour des mobiles et que le maréchal a répondu : « *Qu'il en avait fait,* ce sont les propres expressions de M. de Mac-Mahon, *la condition sine quà non de son acceptation des fonctions de gouverneur.*

La déposition du maréchal devant la commission d'enquête est antérieure à l'article de M. Vitu ; la substance en était connue ; elle a fait l'objet de toutes les conversations et les journaux l'ont analysée.

De telle sorte que M. Vitu est plusieurs fois couvert : 1° par le langage du général Trochu disant aux mobiles : *C'est moi qui ai demandé votre retour ;* 2° par l'écrit du général Pajol affirmant que c'est le général Trochu qui a exigé le renvoi des mobiles à Paris ; 3° par l'attestation imposante du maréchal de Mac-Mahon ; 4° par l'émotion et le mécontentement que le gouvernement manifesta en apprenant la mesure prise par l'insistance de M. le général Trochu.

Je ne crois pas que la bonne foi de M. Vitu puisse être mieux établie.

X

Ici notre adversaire fait observer qu'il avait été convenu à Châlons que l'Empereur reviendrait lui-même à Paris. C'est vrai ; on avait décidé cela à Châlons. Mais à Paris, on redouta ce retour, qui dans la situation des esprits pouvait précipiter un mouvement insurrectionnel fatal à la France. Etait-ce à raison ou à tort qu'on opina pour que l'Empereur ne revînt pas ? Je n'ai point à examiner ici des questions de ce genre. On peut seulement remarquer que l'Empereur se résignant aux avis envoyés de Paris, restant au milieu de l'armée sans commandement, subissait la position la plus fausse, car en cas de victoire c'était le maréchal de Mac-Mahon qui recueillait la gloire; en cas de défaite c'était l'Empereur qui supportait la responsabilité. Et il l'a en effet subie jusqu'au jour où le loyal Mac-Mahon l'a revendiquée sans que sa renommée en ait reçu aucune atteinte.

En tout cas, si la détermination de l'Empereur de revenir à Paris était changée, les devoirs du général Trochu, à coup sûr, ne changeaient pas.

Et nous devons ici relever une grave erreur dans laquelle est tombé le gouverneur de Paris. Il a cru pouvoir affirmer devant l'assemblée nationale, qu'il avait été convenu avec l'Empereur et le maréchal de Mac-Mahon, que celui-ci dirigerait son armée vers Paris et que c'était là, en quelque sorte, une condition mise à son acceptation des fonctions de gouverneur.

« L'Empereur, se tournant vers moi, me fit l'honneur de me demander s'il me convenait de l'accepter. Je lui répondis : « Sire, dans la situation « pleine de périls où est le pays, une révolution le précipiterait dans « l'abîme. Tout ce qui pourra être fait pour éviter une révolution, je le « ferai. Vous me demandez d'aller à Paris, de prendre le commandement « en chef, de vous annoncer à la population, je ferai tout cela; mais il « est bien entendu que l'armée du maréchal Mac-Mahon devient l'armée « de secours de Paris, car nous allons à un siége. »

L'Empereur acquiesça, annonçant qu'il arriverait à Paris quelques heures après moi. Le maréchal de Mac-Mahon avait déclaré qu'il croyait que c'était là la véritable destination de son armée, laquelle, après ses efforts et ses épreuves, avait besoin d'être réorganisée avant d'aborder de nouveau l'ennemi.

La conférence fut levée à onze heures et demie. Elle avait abouti à la convention verbale dont voici les termes précis :

« Le général Trochu, nommé gouverneur et commandant en chef, partira immédiatement pour Paris. Il y précédera l'Empereur de quelques heures. *Le maréchal de Mac-Mahon fera ses dispositions pour se diriger avec son armée sur Paris.* »

M. de Mac-Mahon a rectifié les souvenirs erronés du général

Trochu. Il ne fut pas décidé, et il ne pouvait pas l'être ce jour-là, c'est-à-dire le 17 août, que Mac-Mahon se dirigerait sur Paris, car on espérait encore une jonction avec l'armée de Metz. Mac-Mahon, commandant l'armée de Châlons, venait d'être placé sous le commandement du maréchal Bazaine, et il cherchait à se mettre en communication avec ce dernier.

Veuillez, Messieurs, retenir les dates que voici : le 17 août, jour de la nomination de M. Trochu, Mac-Mahon, loin de décider ce jour-là qu'il prendrait la direction de Paris, envoyait un de ses officiers à Bazaine, pour combiner les mouvements des deux armées. C'est le 19 seulement que Mac-Mahon reçut des nouvelles de Metz, lui laissant toute liberté..... J'aperçois le maréchal dans l'audience; je le prie, si je me trompe, de me rectifier.

M. Le maréchal MAC-MAHON, se levant :

« — Puisque vous le permettez, je dirai que le 17 j'ai envoyé à quatre heures du soir mon officier d'ordonnance et une dépêche au maréchal Bazaine pour lui dire que je marchais sur lui. Et c'est le 19 seulement, à neuf heures du soir, que j'ai reçu de Bazaine une dépêche datée du 17, par laquelle il m'annonçait ce qui s'était passé à Mars-la-Tour, et me disait qu'étant trop éloigné de moi, il rentrait sous Metz.

« Ce fut alors que je songeai à me diriger sur Paris, mais une dépêche du ministre de la guerre arrêta ma marche. »

Me GRANDPERRET reprend :

Vous avez entendu la parole de l'illustre maréchal. Elle clot le débat sur ce point. Il est évident que M. Trochu s'est trompé en disant que la marche de Mac-Mahon sur Paris avait été décidée le 17 août.

Je vous prie en outre de remarquer, Messieurs, combien on a été injuste en voulant expliquer les mouvements de l'armée de Châlons par des intérêts dynastiques. Ne comprenez-vous pas que l'intérêt dynastique était de ramener à Paris l'armée de Mac-Mahon, et de la transformer, de force nationale qu'elle était, en force gouvernementale? C'est, au contraire, la pensée dynastique qui a été écartée devant une combinaison qui donnait l'espérance de sauver Bazaine et de réunir en une grande et puissante armée toutes les forces militaires commandées par les deux maréchaux.

C'est le même sentiment patriotique qui a fait envoyer Vinoy avec son corps d'armée pour renforcer l'armée de Mac-Mahon. L'intérêt dynastique était de retenir le loyal Vinoy et ses excellentes troupes; mais on n'hésita pas à dégarnir Paris, où les forces de Vinoy n'auraient pu défendre que la dynastie, pour les envoyer à la défense du pays.

XI

Mais, prétend encore M. Trochu, il voulait insérer le nom de l'Empereur dans sa première proclamation aux Parisiens, et c'est l'Impératrice qui l'en empêcha; de telle sorte que c'est moi, dit le général, qui, parmi les serviteurs de l'Empereur, a[i] été un des derniers à vouloir que son nom figurât dans les actes publics.

Ah! Messieurs, vous comprenez l'émotion dont l'Impératrice fut saisie lorsqu'elle connut l'étonnante imputation du général, et c'est cette émotion qui s'est répandue dans ces lignes indignées :

« Ma chère Anna,

« Je viens de lire dans le *Journal officiel* le discours du général Trochu. Je ne sais si l'indignation sera assez forte pour me faire surmonter le dégoût que j'éprouve à la pensée de cet homme qui, après avoir trahi et abandonné la souveraine, essaye aujourd'hui, du haut d'une tribune française, de déshonorer la femme.

« Dans un récit fantastique, il ose me présenter comme une ambitieuse prête à trahir le pays et l'Empereur, voulant effacer son nom d'une proclamation pour des raisons que le général seul a pu trouver dans son cœur, mais qui, grâce à Dieu, n'ont jamais eu de place dans le mien.

« Il côtoie la vérité comme il a côtoyé les Tuileries sans y entrer. Il s'empare d'un fait réel pour le dénaturer. La première phrase de sa proclamation dont il me montra le projet dans la nuit du 17 août, annonçait que *le général précédait l'Empereur seulement de quelques heures.*

« Lorsque l'éventualité de ce retour fut écartée, il fallait nécessairement modifier cette phrase. J'en fis l'observation au général, et *c'est là l'incident* dont il profite pour me prêter un rôle odieux. Vous qui savez que l'Empereur m'est devenu plus cher depuis nos malheurs ; vous qui savez combien j'admire son abnégation, son courage, son calme inébranlable en présence des plus viles calomnies ; croyez-vous que j'eusse choisi un tel moment pour le renier ?

« Il est aussi une accusation que je veux relever. Le général Trochu prétend que le gouvernement de la régence n'a rien fait pour la défense de Paris, du 17 août au 4 septembre. L'enquête, j'en ai la certitude, prouvera le contraire. Le général s'accuse lui-même, puisqu'il était à la tête du comité de défense. Personne ne pouvait paralyser son autorité, la loi concentrait entre ses mains les pouvoirs de l'état de siége, ces pouvoirs exceptionnels que Cavaignac a exercés en 1848, et Mac-Mahon en 1871. Quant à moi, j'accepte résolûment toute la *part de responsabilité* qui me revient dans les événements politiques auxquels j'ai été mêlée comme régente ; mais il est un honneur que je ne me laisserai pas enlever, celui de n'avoir eu qu'une pensée, le salut du pays, et d'avoir en toute circonstance subordonné à sa cause toutes les questions dynastiques.

« Je n'ai fait en cela que suivre l'exemple de l'Empereur : lorsque sur le champ de bataille de Sedan il se sacrifiait pour sauver 70,000 existences, lorsqu'il s'effaçait pour laisser à la régence *toute liberté* de traiter sans lui, il croyait supprimer ainsi le seul obstacle qui s'opposait à *la paix*, le roi de Prusse ayant déclaré que c'était l'Empereur qu'il combattait et non la France.

« Pendant ce temps, le général Trochu, d'accord avec l'opposition, fait une révolution, prive ainsi la France de l'appui de l'Europe *monarchique*, dégage les souverains et leurs gouvernements *des engagements* PRIS, et commence « cette héroïque folie » qui est la cause de nos désastres. Pourtant, il l'avoue lui-même, à partir de la fin de septembre, il ne croit plus ni à la défense de Paris ni aux armées de province ; il n'a d'espoir que dans l'intervention de l'Angleterre, de l'Italie et de l'*Amérique* ; rêve maladif de son imagination surexcitée ! Pour le réaliser, il commence par enfermer le ministre des affaires étrangères dans Paris et l'isole du corps diplomatique. Lui qui s'est tant et si durement élevé contre ce qu'il appelle les imprévoyances de l'Empire ; il ne sait rien prévoir, il attend que les événements le relèvent de son poste et que le hasard donne une issue à la défense de Paris.

« Sa capacité politique est *jugée ;* quant à son caractère, puis-je l'estimer, quand je me rappelle encore de quel air convaincu il disait, pour me rassurer sur ses sentiments, *que je ne voulais pas suspecter :* « Souvenez-vous que je suis Breton, catholique et soldat? » Il a oublié depuis que la Bretagne est la terre classique de la fidélité, que le catholique est lié envers Dieu par le serment qu'il a fait aux hommes, et que le soldat ne doit jamais tirer contre une cause l'épée qu'il a reçue pour la défendre.

« Je finis ici ma trop longue lettre, et pourtant j'aurais bien des choses à ajouter ; mais le temps me presse, voulant profiter d'une occasion sûre.

« Je vous embrasse tendrement, vous et les vôtres.

« Votre affectionnée tante,

« EUGÉNIE. »

Que pourrais-je ajouter à cette lettre?

N'est-il pas évident que le général Trochu, croyant précéder l'Empereur de quelques heures à Paris, devait nécessairement annoncer à la population le retour du souverain ; il était impossible que la proclamation ne parlât pas de ce retour, et elle en parlait ; mais comme la décision prise à Châlons avait été modifiée, il fallait nécessairement que la proclamation le fût également. Tel fut le sens des observations de l'Impératrice.

Il avait tenu à peu de chose, du reste, que cet incident ne se produisît pas, car le général Trochu avait failli oublier de mentionner l'Empereur dans sa proclamation. Il s'est vanté, vous le savez, d'avoir été un des derniers qui aient voulu faire figurer le nom de l'Empereur dans des actes publics.

M. le général Trochu, interrompant : Le dernier.

Me Grandperret : Le dernier, vous l'entendez. Eh bien! il n'avait pas même pensé à l'Empereur! Le général Schmith vous a dit à l'audience que la proclamation préparée par M. Trochu était muette sur l'Empereur ; c'est lui, M. Schmith, qui en fit l'observation au nouveau gouverneur de Paris, et c'est alors seulement que celui-ci ajouta quelques mots pour annoncer le retour du Chef de l'État. Ce sont ces mots qui durent disparaître, puisque le projet de retour venait d'être abandonné.

Mais faire entendre que l'Impératrice avait voulu qu'on rayât le nom de l'Empereur des actes publics! Ah! c'est une étrange pensée, et nous comprenons le tressaillement qui a inspiré la réponse que nous avons lue.....N'avez-vous donc pas vu de vos yeux, général, ce que cette femme a souffert dans ses sentiments de mère, d'épouse, de souveraine? ne l'avez-vous pas vue, l'âme en lambeaux, étouffer ses sanglots pour rester jusqu'au dernier moment énergique et digne en face de l'ennemi, et pour donner à tous les préparatifs de la défense une impulsion ardente.

Le général Chabaud-Latour a déclaré que c'était le 4 Septembre qui avait désorganisé tous les ateliers. « Pendant huit jours, a-t-il dit, tout travail avait cessé, et il n'a été repris que peu à peu et avec mille difficultés.... »

Voilà ce qu'il fait, votre 4 Septembre!

Mais jusque-là, l'armement des forts et celui de l'enceinte avaient été poussé avec énergie ; les canons de la marine et les marins avaient été amenés, et on sait les admirables services qu'ils ont rendus ; les régiments de marche avaient été créés ; des légions d'énergiques gardes mobiles avaient été appelées de province ; l'approvisionnement de la ville avait été effectué avec une intelligence, une promptitude et dans des proportions auxquelles Paris a dû de pouvoir prolonger sa résistance ; et tant d'autres mesures dont je n'ai pas à faire le tableau, et qui toutes avaient pour objet l'organisation de la défense.

C'est au milieu de ces préoccupations fiévreuses que l'Impératrice, s'adressant au général Trochu, s'écria un jour, dans un moment d'exaltation généreuse : « Si vous croyez que les princes d'Orléans puissent sauver le pays, il faut les rappeler ! » Vous avez dit que c'était là une embûche féminine ! Et moi je vous plains de n'avoir pas compris, rien senti, et d'être resté dans le subalterne soupçon d'un piége ! Allez demander à votre honorable ami

M. l'amiral Jurien de la Gravière ce qu'il pense du frémissement patriotique qui élevait à cette hauteur l'âme vibrante de l'Impératrice ! Allez demander au respectable général de Chabaud-Latour, qui n'est pas suspect de sympathie pour l'Empire, ce qu'il pensait de la sincérité poignante de l'Impératrice, lorsqu'elle s'écriait devant lui : « Il ne s'agit pas de sauver l'Empire, il s'agit de sauver la France ! »

Voilà ce qui était dans l'âme comme dans les paroles de cette noble femme ! Voilà l'héroïsme qu'elle a montré sur ce calvaire où vous l'avez vue, où vous aviez promis de la secourir et où vous l'avez abandonnée !

XII

Mais précisons les actes du général Trochu dans la journée du 4 septembre.

Que se passe-t-il au début de la séance du Corps législatif? L'assemblée était-elle suffisamment protégée, la liberté de ses délibérations était-elle assurée? Oui. Le ministre de la guerre et le préfet de police y avaient pourvu; le palais de l'Assemblée était entouré par des forces imposantes et résolues. La foule envahissante essayait de les pénétrer et de les franchir, mais elle était partout contenue.

C'est alors que M. de Kératry interpelle le ministre de la guerre, et lui demande compte des mesures prises par le gouvernement :

« Messieurs, dit-il, la dignité de la Chambre exige qu'elle soit protégée par la garde nationale.

Il réclame l'éloignement des troupes, de la police et de la garde municipale.

« Je m'étonne, s'écrie-t-il, que M. de Palikao ait donné des ordres contraires à ceux de M. le général Trochu. Je suis fondé à croire que le ministre a forfait à ses devoirs! »

Voilà l'interpellation violente qu'on adresse au ministre de la guerre. Que voulait dire M. de Kératry en parlant des ordres donnés par le général Trochu, et qui étaient sans doute plus à la convenance de l'interpellateur? Seraient-ce, par hasard, ces ordres que M. Delchet attribuait hier à M. Trochu, et d'après lesquels on choisissait l'un des bataillons les plus révolutionnaires, celui des Blancs-Manteaux, pour l'envoyer sur la place de la Concorde? Je n'en sais rien; ceci est à régler entre M. de Kératry et M. Trochu.

Mᵉ Allou. — Non. Entre M. de Kératry et M. de Palikao.

M. le Président. — N'interrompez pas.

Mᵉ Grandperret. — Je dis bien : Entre M. de Kératry et M. Trochu.

Quoi qu'il en soit, on allait trouver le moyen de se débarrasser des mesures de précaution si légitimement prises, à l'aide d'un ordre dont l'origine n'a pas pu être établie, mais qui, à coup sûr, ne venait pas du ministre de la guerre. Les forces appelées par ce dernier furent remplacées par la garde nationale, et alors le flot des envahisseurs ne fut plus contenu et le palais leur appartint bientôt.

Que faisait M. Trochu pendant ce temps-là? Voulez-vous le demander à un ancien député, M. Liégeard, qui a publié un écrit sur le 4 Septembre? Vous y trouverez à l'adresse du gouverneur de Paris un mot qu'on a reproché à M. Vitu, mais qu'il n'avait pas employé le premier, celui de *Judas*.

Je ne répète pas cela pour le plaisir de reproduire des duretés, mais pour montrer que M. Vitu n'a rien dit qui n'eut été écrit avant l'article incriminé.

C'est au surplus le fond du témoignage et non la forme plus ou moins amère, qui en fait la gravité.

Ainsi, par exemple, puisque nous parlons de l'attitude du général Trochu à l'égard de la Chambre, il y a une déposition qui vous a certainement impressionnés, Messieurs, et dont la forme, pleine de courtoisie, n'a pas diminué l'importance ; c'est la déposition de M. Schneider.

Son devoir l'obligeait de se préoccuper de la protection de l'assemblée qu'il présidait, et il ressentait depuis quelques jours autant d'étonnement que d'inquiétude de ne recevoir aucune communication du gouverneur de Paris. Il n'en a pas reçu une seule.

Le gouverneur de Paris, qui écrivait tant de proclamations ou de lettres aux journaux, n'a pas adressé un seul rapport ni au ministre de la guerre, ni au président du Corps législatif. Je sais bien qu'à l'égard du ministre de la guerre, le général Trochu était constamment en garde contre ce qu'il appelait des empiétements sur ses attributions de gouverneur. C'est ainsi que le général était allé un jour soulever au conseil des ministres une scène presque violente parce qu'on avait exécuté, sans en avoir officiellement prévenu le gouverneur, un Prussien arrêté en flagrant délit d'espionnage et nanti de notes, de plans et de cartes. Pourtant le général Trochu avait appris la veille que l'exécution devait avoir lieu ; mais comme il n'avait pas reçu d'avis régulier, officiel, il venait après l'exécution faire entendre des récriminations. Le général était très-enclin à ces susceptibilités, qui auraient bien dû se fondre dans de plus hautes, plus utiles et plus patriotiques préoccupations.

Mais enfin à l'égard du président de la Chambre, il n'existait aucune cause de conflits d'attributions. M. Schneider était en droit d'attendre des communications du gouverneur. Il n'en a jamais reçu, et n'en recevant pas il en envoyait lui-même chercher au Louvre, mais vainement.

De plus, M. Schneider nous a révélé une circonstance très-grave : c'est que le 4 septembre le général Trochu avait un de ses officiers à la Chambre, un officier qui est resté depuis le commencement de la séance jusqu'à la fin sans quitter le palais de l'assemblée où il assistait à tous les incidents, à toutes les péripéties de l'envahissement de l'assemblée.

M. Schneider avait fait pour le général Trochu, ce qu'il n'avait fait pour personne. Il lui avait remis deux cartes d'entrée permanente dans la tribune même du président. M. Trochu avait donc le 4 septembre une personne de confiance qui le représentait à l'assemblée, un officier qui avait nécessairement reçu les instructions du général et qui a assisté avec un flegme impertubable à toutes les phases de la violation du palais ; si bien que lorsque personne ne se méprenait sur l'imminence de l'envahissement, et que l'un des questeurs, M. Lebreton, allait au Louvre solliciter l'intervention du général Trochu, l'officier de ce dernier restait, lui, au Corps législatif, sans avertir le gouverneur des dangers qui pouvaient menacer l'assemblée.

Je le répète, cette partie de la déposition de M. Schneider a dû rester gravée dans votre souvenir.

On a prétendu que l'officier de M. Trochu n'avait pas pu parvenir jusqu'au Louvre. Mais pourquoi aurait-il été empêché de faire ce que le général Lebreton a fait ? Si le pont de la Concorde était encombré, le passage n'était-il pas libre de tous les autres côtés du Palais Bourbon ?

XIII

Que faisait donc M. Trochu pendant l'envahissement de la chambre ? Écoutez son récit.

« Vers une heure de l'après-midi, le général Lebreton, questeur du Corps législatif, se présente à moi inopinément. — Je vois d'ici le digne général Lebreton dans la tribune des anciens députés ; il me contrôlera : « Général, me dit-il, le péril est à son comble. Une foule immense se « presse autour de l'Assemblée et va l'envahir ; les troupes se sont laissé

« immédiatement pénétrer par la multitude. Vous seul, par une inter-
« vention personnelle, pourriez peut-être dominer la tempête. »

Je répondis au général Lebreton :

« Général, je suis ici la victime d'une situation sans précédents. En
fait, je ne commande rien ; en fait, les troupes que vous avez vues, ont
été postées par des ordres qui ne sont pas les miens. »

Ainsi, M. Lebreton vient lui demander, vers une heure, son
intervention personnelle au profit de l'Assemblée. M. Trochu
répond d'abord qu'il est victime d'une situation sans précédents.
En fait, dit-il avec indignation, *les troupes que vous avez
vues ont été postées par des ordres qui ne sont pas les miens.*
Nous le savions bien, mais ce que nous ne savions pas, c'est que
la présence de ces troupes destinées à contenir l'insurrection
put si fort irriter M. Trochu ; ce que nous ne savions pas non
plus, c'est qu'il en résultât que M. Trochu fut une victime.
C'est lui qui le dit, puis l'étrange narration continue.

« Quelques minutes après je montais à cheval sous les yeux du
général Lebreton, et je me dirigeais vers le Corps législatif, prescrivant
au général Schmitz, chef de l'état-major général, de se rendre auprès de
l'Impératrice, pour l'informer de ce que j'allais tenter.

« J'étais accompagné de deux aides de camp.....

« J'arrivai ainsi, Messieurs, après plus d'une heure de lutte, foulant
aux pieds de mon cheval, à chaque instant et quoi que je fisse, cette multitude qui me pressait, j'arrivai à l'angle du pont Solférino. Là, je dus
m'arrêter absolument, ayant perdu mes deux aides de camp qui étaien
loin. J'étais comme figé au milieu de la foule et il ne m'était plus possible d'avancer, plus possible de reculer.

« Je parlementai, cherchant à m'ouvrir un passage. Un homme de
grande taille parvint jusqu'à moi ; je ne le connaissais pas ; il était très-
ému ; il me dit : « Général, où donc allez-vous ? — Je vais tâcher de
« sauver l'Assemblée. — A l'heure qu'il est, l'Assemblée est envahie ;
« j'y étais ; je vous l'affirme ; je suis M. Jules Favre. »

« M. Jules Favre ajouta : « Voilà le comble du désastre : une révolu-
« tion au milieu de la défaite des armées ! Et soyez sûr que la démagogie,
« qui voudra en bénéficier, jettera la France dans l'abîme, si nous n'in-
« tervenons. Quant à moi, je vais à l'Hôtel de ville, et c'est là que doivent

« se rendre les hommes qui entendent contribuer à sauver le pays. »

« Je lui répondis : « Monsieur, je ne puis prendre à présent une telle
« résolution. »

« Et nous fûmes séparés par la foule.

« Ce n'est que très-tard, une heure après peut-être, que je pus regagner
la Cour du Louvre et rentrer à l'Hôtel. »

Comment! M. Trochu ne connaissait pas M. Jules Favre!...
Il ne l'avait jamais vu!... et c'est à la face de l'Assemblée nationale et de la France que M. Trochu prétend qu'il rencontrait
pour la première fois M. J. Favre!... Il ose dire cela!... Eh
bien, il l'avait reçu chez lui, le 21 août, avec M. Ernest Picard,
avec M. Jules Ferry, avec M. Tirard. Ce n'était pas là une visite
indifférente pour le gouverneur de Paris! le 21 août! Trois jours
après sa nomination par l'Empereur! et l'entretien avait été
demandé d'avance, par écrit, au nom d'un groupe de députés;
c'était une conférence convenue. La visite avait duré deux
heures.

Et, en effet, Messieurs, l'extrême gauche s'était dit tout de
suite qu'elle avait trouvé son général et avait noué immédiatement des relations avec lui.

Les proclamations de M. Trochu l'avaient charmée. M. Trochu en avait fait afficher une le 18 ; il en avait fait afficher une
autre le 19, et, au même moment, il était entré en commerce
épistolaire avec le journal *Le Temps*; sans préjudice des proclamations qui allaient suivre, et franchement c'était beaucoup
de littérature pour un chef militaire, qui avait tant de grands et
urgents travaux à remplir.

C'est dans la proclamation du 18 que M. Trochu s'écriait :
« *J'ai la plus grande foi dans le succès de notre glorieuse
entreprise*, ce qui ne l'empêchait pas, trois jours après, de déclarer aux députés de la gauche que le siège de Paris ne *serait
qu'une héroïque folie*; et comme, d'autre part, certaines dé-
clarations de cette proclamation du 18 août avaient provoqué,
sauf quelques réserves, des appréciations très-sympathiques

d'un journal de l'opposition, *le Temps*, M. Trochu adressait au gérant, le 19 août, une lettre dont il est bon de rappeler quelques passages.

« Toute ma vie j'ai été un homme de libre discussion, et aux explications que vous désirez, je vais ajouter toute ma profession de foi.

« L'erreur de tous les gouvernements que j'ai connus a été de considérer la force comme l'*ultima ratio* du pouvoir. Tous, à des degrés divers, ont relégué au second plan la vraie force, la seule qui soit efficace dans tous les temps, la seule qui soit décisive quand il s'agit de résoudre les difficiles problèmes qui agitent la civilisation : la *force morale*.

« Tous, à des degrés divers, ont été personnels, n'apercevant pas que le pouvoir impersonnel qui ne se considère que comme une délégation de la nation : qui ne conçoit et qui n'agit que dans l'intérêt de la nation jamais dans le sien propre ; qui se soumet à tous les contrôles qu'il plaît à la nation de lui appliquer, et qui les tient pour sa sauvegarde ; qui est loyal, sincère, ardent pour le bien public et professeur d'honnêteté publique, est seul en possession de cette force morale dont j'ai défini la puissance.

« C'est dans cet esprit que j'ai parlé à la population de Paris ; c'est dans cet esprit que j'ai vécu, et que, dans la mesure de mes forces et de ma position, j'ai combattu les erreurs qui ont mis le pays dans le deuil où il est.

« J'ai demandé leur concours aux hommes de tous les partis, leur offrant le mien gratuitement, sans réserve, et comme je l'ai dit, ne pouvant dire plus, avec tout mon cœur. — Et voici comment j'ai entendu ce concours tout moral.

« L'idée de maintenir l'ordre par la force de la baïonnette et du sabre, dans Paris livré aux plus légitimes angoisses et aux agitations qui en sont les suites, me remplit d'horreur et de dégoût.

« L'idée d'y maintenir l'ordre par l'ascendant du patriotisme s'exprimant librement, de l'honneur et du sentiment des périls évidents du pays, me remplit d'espérance et de sérénité. Mais le problème est ardu : je ne puis le résoudre seul ; je puis le résoudre avec l'appui de tous ceux qui ont les croyances et la foi que j'exprime ici.

« C'est ce que j'ai appelé le « concours moral. »

M. Trochu ajoutait cependant quelques mots dans cette lettre sur les *gredins* qu'il fallait contenir ; mais voici comment il appliquait ses maximes : M. de Lareinty, colonel d'un régiment de mobiles, va proposer au général d'arrêter les membres d'un comité central que dirigeait les forces révolutionnaires. Le général refusa l'ordre nécessaire.

« Vous vous souvenez, mon cher ami, des débuts du Comité central, lorsque vous êtes venu, le 14 septembre, me parler d'une affiche rouge, apposée sur ma porte et dans laquelle les membres inconnus alors du Comité de défense, déjà organisé dans le XIXe arrondissement, disait l'affiche, se donnaient rendez-vous le soir même au Pré-aux-Clercs.

« Le but était de faire nommer un délégué du VIIe arrondissement, afin que tous les arrondissements de Paris fussent représentés dans le nouveau gouvernement, qu'ils voulaient substituer à celui de la Défense nationale. Après avoir lu cette affiche, je fis consigner mon bataillon et me rendis à la Préfecture de police avec le capitaine Maréchal et vous. Notre but était d'enlever le club, et ceux qui plus tard ont constitué la Commune.

« Vous rappelez-vous la manière dont nous fûmes reçus par Raoul Rigault, en l'absence de Kératry, et comme il nous garantissait l'innocence des signataires de l'appel à la révolte? Et vous souvenez-vous qu'obéissant sans doute à une vieille habitude, il nous parlait sans cesse de M. Piétri au lieu de M. Kératry?

« Enfin Kératry arriva à la Préfecture, je lui fis part de mon projet de m'emparer des membres du club du Pré-aux-Clercs ; il approuva ce projet tout en me disant que je ne pouvais rien faire sans l'autorisation du général Trochu ; en outre M. de Kératry me recommanda de me porter, au moindre bruit, à la Préfecture de police, pour l'occuper avec mon bataillon.

« Nous nous rendîmes au Louvre, où M. le général Trochu descendait de cheval, revenant de Vincennes, d'où il avait aperçu les premiers coureurs ennemis. Après lui avoir donné connaissance de cette affiche qu'il ignorait, il me refusa nettement la permission d'*empoigner ces gredins*. Il invoqua la *force morale,* cette force morale qui permit le 31 Octobre, et prépara la Commune! Quatre jours après, nous reçûmes l'ordre d'occuper le Mont-Valérien, et il était grand temps, car nous rencontrâmes sur le pont de Neuilly un bataillon de la mobile de Paris qui avait chassé ses officiers et abandonné le fort.

« Croyez, etc.

« Baron DE LAREINTY. »

Messieurs, cette théorie de la force morale était un grand

encouragement pour les projets insurrectionnels qui s'organi-
saient dans Paris, et qui d'ordinaire ne s'arrêtent guère aux
barrières morales.

Vous comprenez sans peine pourquoi, en présence de cette
théorie de la force morale, le ministre de la guerre avait voulu
donner lui-même des ordres pour la protection de l'Assemblée.

Et puis, M. Trochu, nommé par l'Empereur, aurait pu se
rappeler que, pendant 18 ans, Paris avait été affranchi de ces
émeutes, qui, sous d'autres régimes, l'avaient ensanglanté! Et
puis encore, il faut s'entendre sur la force morale. C'est une
grande chose que la force morale, la vraie; mais il paraît qu'il
y en a de plusieurs sortes : Il y a la force morale qui consiste à
entretenir, à l'aide de proclamations et de bulletins inexacts,
la surexcitation d'une population impressionnable qu'on est
obligé ensuite d'envoyer à la saignée pour la calmer! Il y a la
force morale qui, au moment de la capitulation, désarme les
troupes régulières et laisse aux révolutionnaires leurs fusils.
leurs canons et leurs munitions ! Il y a la force morale qui pré-
pare un 18 mars! Oh! sur celle-là nous ne pouvons pas nous
entendre! Mais il y en a une autre, que nous honorons, qui
ne réside pas dans la faconde, mais dans le caractère, et qui
permet à celui qui s'en prévaut de pouvoir dire, non pas: *Voilà
ce que j'ai dit*, mais : *Voilà ce que j'ai fait!* Et quant aux
gouvernements il leur faut, dans les temps où nous vivons, la
double force morale et légale! Chacune de ces forces, isolée de
l'autre, reste impuissante.

Eh bien donc, après cette proclamation du 18 mars et cette
lettre au journal *Le Temps*, la gauche allait chez M. Trochu et
elle y allait dès le 21, M. Jules Favre en tête, avec MM. Picard,
Ferry; vous entendez, le 21 ; et cependant, le 4 septembre,
M. le général Trochu prétend rencontrer, pour la première fois,
M. Jules Favre à l'angle du pont de Solférino : « *Un homme
de grande taille parvint jusqu'à moi; je ne le connaissais
pas. « Je suis M. Jules Favre,* » *me dit-il.*

Eh ! bien, écoutons M. Jules Favre :

« Dans le long entretien, dit-il en parlant du général Trochu, qu'il voulut bien m'accorder le dimanche 21 août, il s'expliqua avec une entière franchise. J'étais accompagné de mes collègues, MM. Picard et Jules Ferry, et quelques électeurs de Paris, au nombre desquels se trouvaient M. Tirard et le docteur Montanié. La conversation n'avait rien d'intime, et le général presque seul en fit les frais....

« Cet incomplet résumé ne peut donner qu'une bien faible idée du discours qui nous tint sous le charme pendant près de deux heures. Tour à tour simple et incisif, quelquefois véhément, prodigue d'images, toujours abondant, le général semblait prendre plaisir à soulager son âme par cette éloquente effusion. Il nous témoigna, en nous congédiant, une affectueuse cordialité. »

Voilà donc une visite qui se termine avec une affectueuse cordialité, et une visite qui dura deux heures, pendant lesquelles M. Trochu eut la gloire de tenir M. J. Favre sous le charme de sa parole. Ces deux grandes éloquences se contemplaient entre elles.

Une visite de deux heures et une affectueuse cordialité ! On se connaissait donc, il n'y a pas moyen d'en douter, et on ne saurait, comme le voudrait Mᵉ Allou, confondre une conférence de cette nature avec de simples visites de députés venant en courant demander des nouvelles. Non ! Non ! la visite de MM. Jules Favre, J. Ferry, Picard et Tirard avait été annoncée et l'entretien avait eu une importance telle que M. J. Favre, qui était à la tête de cette députation, et que sa notoriété signalait particulièrement, ne pouvait pas sortir de chez le général comme un inconnu.

Et les liens formés dans cette conférence furent tels, que, le 3 septembre, M. Jules Favre montait à la tribune du Corps législatif pour s'écrier :

« Ce qu'il faut en ce moment et ce qui est sage, ce qui est indispensable, c'est que tous les partis s'effacent devant un nom représentant la France, représentant Paris, *un nom militaire, le nom d'un homme qui vienne prenare en main la défense de la patrie. Ce nom*, CE NOM CHER ET AIMÉ, *il doit être substitué à tout autre.* »

Des cris s'élevèrent dans l'Assemblée, et M. Jules Favre reprit :

« *Tous les autres noms doivent s'effacer devant celui-là*... ainsi que ce fantôme de gouvernement qui a conduit la France où elle est aujourd'hui... »

M. le ministre de la guerre répliqua :

« Je dirai à l'honorable M. Jules Favre, qui a fait allusion à un homme dont il n'a pas prononcé le nom, mais qu'il a désigné assez significativement pour que le doute ne soit possible pour personne, je lui dirai : « *J'ai* « *trop de confiance dans la loyauté et l'honneur de celui que vous avez* « *désigné, pour croire un seul instant*, qu'il consentît à accepter, *con-* « *trairement au serment qu'il a prêté*, la position que vous voudriez lui « faire. »

Voilà ce que disait M. le comte de Palikao, le 3 septembre. Aurait-il pu le répéter le lendemain ?

XIV.

Interrogeons, au surplus, les acteurs de la scène du pont de Solférino. M. de Kératry, d'abord. Je prends son récit après l'envahissement de la Chambre :

« A cette heure critique, le dénoûment était indiqué : j'engageai M. Jules Favre à marcher sans retard sur l'Hôtel de ville, *certain que j'étais que nous rencontrerions en route le général Trochu*, dont le concours était nécessaire à l'issue pacifique de la révolution. »

« Nous nous mîmes en marche par le pont de la Concorde, M. Jules Favre et moi en tête. M. Jules Ferry marchait derrière nous. Une population immense nous escortait et nous étouffait presque. Tel était l'enthousiasme. Nous rencontrâmes, sur le quai des Tuileries, en face le conseil d'État, le général Trochu, à cheval, entouré de son état-major; IL ÉTAIT ÉVIDENT QU'IL ATTENDAIT LA QUE LES ÉVÉNEMENTS S'ACCENTUAS-

SENT POUR prendre des résolutions conformes avant tout aux nécessités de la défense nationale. Nous avions le droit de penser ainsi.

« En effet, une délégation de la gauche, composée de MM. Jules Simon, Ernest Picard et moi, s'était rendue quelques jours auparavant à sa résidence du ministère d'État et il était résulté clairement des explications échangées dans un très-long entretien *que le général voulait rester étranger à toute action politique* et ne s'occuper uniquement que des attributions militaires. Mais à ce moment si critique, son rôle devait forcément se modifier : il fallait qu'il se prononçât à l'instant pour ou contre les événements qui s'accomplissaient. »

M. de Kératry ajoute qu'il ne s'agissait que de défense nationale. La question est jugée. Mais ce qu'il faut retenir de cette déposition, c'est d'abord qu'outre la visite faite par M. Jules Favre et autres à M. Trochu, une délégation de la gauche, composée de MM. Jules Simon, Ernest Picard et de Kératry, s'était rendue, quelques jours auparavant, à la résidence du général et qu'il était résulté de l'entretien que *M. Trochu resterait étranger à toute action politique*, ce qui était très-clair, comme le dit M. de Kératry, de la part d'un gouverneur représentant l'Empire et parlant à des délégués qui en préparaient le renversement.

M. Vitu n'a pas dit autre chose.

Et puis M. de Kératry ajoute : « *J'étais certain que nous rencontrerions en route le général Trochu.* Pourquoi certain ? C'est à M. de Kératry qu'il faudrait le demander. Était-ce renseignement ? Était-ce sagacité ? Simple prévision ? Je n'en sais rien. Mais M. de Keratry déclare devant la commission parlementaire qu'il était certain de le rencontrer.

Et voici maintenant ce qui se passe ; c'est M. Jules Favre qui parle ; écoutez bien ceci, Messieurs :

«Nous venions de dépasser la grille du pont Solférino, lorsqu'au milieu d'une masse de peuple je vis le général Trochu, suivi de son état-major, et venant à nous au petit pas. Notre colonne fit halte un instant. Je fendis la presse, et, *tendant la main au général*, je lui fis connaître en quelques mots l'événement de la journée.

« Il n'y a plus de gouvernement, ajoutai-je : mes amis et moi allons en constituer un à l'Hôtel-de ville; *nous vous prions de rentrer à votre quartier et d'y attendre nos communications.* Le général NE FIT AUCUNE OBJECTION *et s'éloigna au trot du côté du Louvre.* »

Ce récit est confirmé par M. Floquet :

« A la hauteur du Pont-Royal, nous avons rencontré un général à cheval, accompagné de deux aides de camp, qui se dirigeaient vers le Corps législatif. On me dit que c'était le général Trochu, que je ne connaissais pas de figure.

« Jules Favre, auprès de qui je me trouvais, *lui tendit la main;* ils causèrent; je n'entendis pas ce qu'ils se dirent, mais bientôt *le général tourna bride,* et pendant qu'il s'en allait vers la place du Carrousel, la colonne continua sa marche vers l'Hôtel de ville. »

Tout cela ne ressemble guère au récit du général Trochu. Et ceux qui déposent ainsi n'ont aucune raison pour ne pas raconter les choses telles qu'elles se sont passées.

D'après M. Jules Favre et M. Floquet, le général n'était pas *figé*, au milieu de la foule; il avançait au petit pas; ses aides de camp n'étaient pas perdus; après l'entretien, il ne resta pas immobile à la même place, il tourna bride et reprit la direction du Louvre.

Et puis, les souvenirs de M. le général Trochu l'ont évidemment mal servi, lorsqu'il croit se rappeler que M. Jules Favre lui a dit: *Voilà le comble du désastre, une révolution!* Comment M. Jules Favre , qui avait proposé dans la nuit la déchéance de l'Empereur, qui aussitôt après l'envahissement de la Chambre se rendait à l'Hôtel de Ville pour proclamer la République, aurait-il pu dire : *Voilà le comble du désastre, une révolution.....,* alors que c'était pour lui et les siens le triomphe depuis si longtemps rêvé!

Enfin M. Jules Favre notifie amicalement au général de retourner au Louvre et d'y attendre ses communications, et M. Jules Favre ajoute : « *Le général ne fit aucune objection, et il se dirigea vers le Louvre.*

Sur cette rentrée au Louvre, M. Jules Favre et M. Trochu sont d'accord, sauf que le général ajoute qu'il lui fallut une heure pour y parvenir.

Eh bien! est-ce que le général, mieux inspiré, ne devait pas se rendre partout ailleurs qu'au Louvre? Il rentre tranquillement au Louvre, sur la seule invitation d'un homme qu'il dit ne pas connaître et qui lui annonce une révolution! M. Trochu s'en tient là! il rentre chez lui! Il était sorti, a-t-il dit, pour faire un effort personnel en faveur de l'Assemblée, et il ne pousse pas jusqu'au Corps législatif! il ne va pas voir de ses yeux quel est l'état des choses, ce qui se passe, ce qu'il est possible de faire! Il ne se rend pas au ministère de la guerre, ni nulle part où il puisse essayer de se mettre en communication avec des membres du gouvernement! il accepte immédiatement, par son maintien, son silence, sa conduite, sa rentrée au Louvre, le mouvement insurrectionnel que vient de lui annoncer l'*homme de grande taille qu'il ne connaît pas!*

Oui, il rentre au Louvre; il quitte son uniforme et il reste là deux heures, jusqu'à ce que lui arrivent les communications que lui avait annoncées M. Jules Favre. On l'envoie chercher : il part aussitôt; il va, dit-il, suivant un de ces mots qui resteront, *il va faire du Lamartine!* Mon contradicteur a voulu sauver le mot en rappelant la conduite de Lamartine en 1848; mais les circonstances n'ont rien de semblable. Lamartine eut en 1848 une journée mémorable lorsque menacé par une foule furieuse il déchira héroïquement le drapeau rouge! le général Trochu, lui, allait sans péril à l'Hôtel de Ville, cueillir le fruit révolutionnaire qui s'appelait la présidence du 4 Septembre!

XV

Il se rend donc à l'Hôtel de Ville, et voici, suivant lui, ce qui se passe :

« *Je ne sais si les hommes que j'apercevais là pour la première fois* — excepté M. Jules Favre que j'avais vu le matin même — étaient vérita-blement des usurpateurs se jetant sur la proie du pouvoir ; je dois dire qu'ils n'en avaient pas l'apparence·

« L'un d'eux me dit : « Général, nous voudrions que, dans cette crise « redoutable, le pouvoir ne tombât pas entre les mains de ceux qui sont « là à côté.... ; si vous consentez à être ministre de la guerre du gouver- « nement provisoire, demain, à votre nom se rallieront les officiers et les « soldats ; l'ordre pourra être maintenu dans Paris. »

« Je répondis qu'avant de prendre une telle résolution, *je devais aller rendre compte de ce qui se passait au ministre de la guerre, de qui je dépendais* ; et immédiatement, je me rendis au ministère, où je trouvai le général de Palikao livré à une profonde douleur ; il croyait que son fils le colonel de Montauban, officier de mérite avait été tué à Sedan. Il me reçut cette fois avec la plus grande cordialité : « Général, me dit-il, la « révolution est un fait accompli. Si vous ne prenez pas la direction des « affaires, tout sera perdu ; si vous la prenez tout sera peut-être encore « perdu, mais les troupes iront à vous. »

« Je rentrai à l'Hôtel de ville, et je dis au gouvernement provisoire qui s'était, en mon absence, augmenté de M. Rochefort : « Si vous voulez « qu'au milieu de ces douloureux événements, je sois spécialement utile, « il faut que je sois président du gouvernement (c'était M. Jules Favre « qui l'avait été jusque-là), et je fus à l'unanimité nommé président. » Telle est, messieurs, l'histoire abrégée, mais rigoureusement exacte, de ce que j'ai vu et su de la révolution du 4 Septembre. »

Eh bien ! Messieurs, nous sommes obligé de dire qu'il n'est pas une seule des énonciations de ce récit qui ne soit en con-tradiction avec les dépositions entendues et les documents recueillis.

abord, nous remarquons l'opiniâtreté de M. le général Trochu
à prétendre qu'il ne connaissait aucun des membres du nouveau
gouvernement, sauf M. Jules Favre, qu'il avait, dit-il, rencontré pour la première fois au pont de Solférino. Nous savons que
M. le général Trochu avait reçu au Louvre M. J. Favre, M. Picard, M. Jules Ferry et, une autre fois, M. Jules Simon, M. de
Kératry et encore M. Picard. Il faut ajouter M. Emmanuel
Arago, car il a été vu au Louvre par M. le colonel Coste, qui a
dit de lui : « Il a une de ces figures qu'on n'oublie pas. » En
voilà un de plus. Il est étrange que M. Trochu n'ait reconnu
personne. On comprend que, pour l'atténuation de son entrée
dans le comité révolutionnaire, il eût mieux valu n'avoir eu jamais aucun contact avec les chefs de l'insurrection ; mais il est
vraiment difficile d'imaginer que le général ait pu pousser la
distraction jusqu'à ne reconnaître aucun de ces hommes ras-
semblés à l'Hôtel de Ville pour préparer à la France une ère
nouvelle de prospérité, de calme et de grandeur.

Il ne faut pas non plus dire avec tant d'insistance que ce fut
pour enrayer une crise socialiste qu'on prenait la tête du mouvement. Non, les menaces du socialisme sont venues ensuite,
selon la logique révolutionnaire. Mais au 4 septembre, il ne
s'agissait bien que de renverser l'Empire : et M. Trochu, appelé
à l'Hôtel de Ville par ceux qui avaient voulu et préparé cette
chute, eut pour premier soin de réclamer l'honneur de les pré-
sider !

Oui, pour premier soin, car voici ce qu'a écrit M. Jules
Favre :

« Nous venions de nous installer. Un exprès avait été envoyé au général
Trochu, qui pénétra non sans peine jusqu'à nous. Il n'avait plus son
uniforme, et néanmoins *il venait se mettre à notre disposition*. Son langage fut net et ferme. « Je vous demande, nous dit-il, la permission de
vous poser une question préalable : Voulez-vous sauvegarder les trois
principes, Dieu, la famille, la propriété, en me promettant qu'il ne sera
rien fait contre eux ? Nous lui en donnâmes l'assurance. « A cette condi-

tion, reprit-il, je suis avec vous, *pourvu toutefois que vous fassiez de moi le président du gouvernement.*

C'est donc dès la première entrevue que M. Trochu accepte, ou plutôt demande la présidence, qui lui est immédiatement décernée. Et à l'audience M. Jules Favre a répété que M. Trochu n'avait mis aucune condition à son acceptation ; qu'il avait, au contraire, réclamé lui-même la présidence du gouvernement ; qu'il était sorti pour aller au ministère de la guerre en même temps que M. Picard sortait pour se rendre aux finances, et d'autres dans les différents ministères. Et c'est en effet en qualité de chef du gouvernement que M. Trochu s'est présenté au comte de Palikao, dont vous avez entendu la formelle déclaration, et dont nous connaissions déjà le témoignage :

« A cinq heures, dit M. le comte de Palikao, je reçus la visite de M. le général Trochu, venant m'annoncer qu'il me remplaçait au ministère de la guerre ; il ajouta qu'il désirait avoir mon opinion sur ce qu'il devait faire ; il ne me parla pas de sa rencontre avec M. Jules Favre, non plus que de ce qu'il avait fait dans la journée. »

Et puis, voulez-vous une preuve non moins décisive de la prise de possession immédiate du général Trochu ? Il avait été reçu à cinq heures par le comte de Palikao ; à cinq heures ! Or, à cinq heures vingt minutes, le général Trochu faisait acte de chef de gouvernement en adressant au général Vinoy, qui se trouvait dans le département de l'Aisne avec son corps d'armée, une dépêche télégraphique pour lui annoncer que la révolution était accomplie et lui donner l'ordre de ramener son armée à Paris.

Jugez, Messieurs ! Y a-t-il place ici pour les commentaires ! Voilà comment M. Trochu, gouverneur de Paris de par l'Empereur, a employé la journée du 4 septembre. Il est sorti à une heure ; il a serré la main de M. Jules Favre à l'angle du pont de Solférino ; M. Jules Favre lui a dit de rentrer au Louvre et d'attendre les communications de l'Hôtel de Ville ; il est rentré ; il a attendu deux heures ; on l'a appelé à l'Hôtel de Ville ; il y est allé, il a réclamé la présidence du gouvernement insurrectionnel ; il s'est rendu au ministère de la guerre pour en prendre possession ; il a immédiatement fait acte d'autorité en donnant l'ordre au général Vinoy de revenir à Paris.

Alors, comment se fait-il que les souvenirs du général Trochu aient pu se troubler à ce point qu'il croit avoir dit aux membres du nouveau gouvernement *qu'avant de prendre une résolution, il devait aller rendre compte de ce qui se passait au ministre de la guerre, de qui il dépendait.*

M. Trochu n'a pas tenu ce langage! Mais en tout cas, c'était trop tard, général ! Il fallait y aller, au ministère de la guerre, à la première nouvelle de l'insurrection! il fallait y aller après la rencoutre au pont de Solférino! il fallait y aller, au lieu de rentrer au Louvre, au lieu d'y rester deux heures dans l'inaction et dans l'attente! il fallait y aller, au lieu de répondre à l'appel des hommes de l'Hôtel de Ville! Mais lorsque le gouvernement est renversé, lorsque le règne de l'Hôtel de Ville est commencé, dire qu'on va rendre compte au ministre de la guerre avant de prendre une résolution, c'est dire une chose inadmissible, car M. Jules Favre répond : que le général Trochu a accepté dès la première entrevue de faire partie du gouvernement, à la condition d'en avoir la présidence ; M. de Palikao répond, de son côté, que M. Trochu s'est présenté au ministère pour lui annoncer qu'il le remplaçait ; le général Vinoy répond, à son tour, que M. Trochu, qui s'était présenté au ministère à cinq heures, lui télégraphiait à cinq heures vingt minutes de revenir à Paris.

Et pourtant, à ce moment encore, le général Trochu pouvait jouer un noble et grand rôle, car le Corps législatif était convoqué et il se réunissait dans la soirée. Mon contradicteur demandait dédaigneusement ce qu'étaient devenus les pouvoirs publics? Il n'y en avait pas de plus respectable que la représentation légale du pays.

Or, malgré la commotion de la journée, la Chambre parvenait à se réunir et à délibérer. Eh! bien, puisque l'armée, dit le général Trochu devait se rallier autour de lui, pourquoi lui-même ne la ralliait-il pas autour de la représentation du pays? Qui donc, dans cette soirée, a donné à M. Jules Favre l'arrogance de prononcer la dissolution définitive de l'Assemblée, si ce n'est le concours prêté par le général Trochu au gouvernement révolutionnaire! C'était là comme une seconde violation de la représentation nationale, et une violation faite par le comité insurrectionnel de l'Hôtel de ville où M. le général Trochu siégeait à côté de M. Rochefort.

XVI

Et puis! général, et l'Impératrice!...

Qu'avez-vous fait pour elle?... Qu'avez-vous fait pour elle?...

Hélas! dès la soirée du 3 septembre on pouvait pressentir la manière dont vous tiendriez les solennels engagements pris envers la Régente.

C'est dans cette soirée que le gouverneur recevait les députations des émeutiers du boulevard auxquels il promettait que justice serait faite des agents qui leur avaient résisté; c'est dans cette soirée que la foule se pressait à la porte de son hôtel en criant: *La déchéance*; c'est dans cette soirée que le ministre de l'intérieur allait voir le général; il allait le chercher au nom de l'Impératrice: «Venez général...; en recevant la nouvelle de notre désastre, l'Impératrice est tombée anéantie... Il n'y a pas un coin de son cœur qui ne soit tout en sang... Venez..., vous pouvez beaucoup..., venez....

— Je n'ai pas dîné, répond le général.

— Eh! bien, après votre dîner.

— Soit, j'irai.

Le ministre se retire. Il va porter cette réponse, il quitte les

Tuileries, il y revient à une heure avancée de la soirée ; le général Trochu ne s'y était pas montré.

Vous avez entendu l'excuse : c'est qu'il avait lu la lettre du général Soumain lui annonçant que le ministre de la guerre avait donné des ordres pour la défense de l'Assemblée. Ah ! pour cette fois, faites-nous grâce de vos susceptibilités ! En présence de notre désastre dont la nouvelle vient d'arriver ; en présence d'une crise suprême, trève de conflits d'attributions !

Le général prétend qu'il n'était plus rien !... Il n'est plus rien lorsqu'il s'agit d'aller aux Tuileries ; il est tout quand il s'agit de haranguer la foule et de recevoir des députations d'émeutiers !

Et le lendemain, que fait le général pour l'Impératrice ?

« Pendant que ces événements se passaient, dit-il, l'Impératrice avait quitté les Tuileries. Le général Schmitz, que j'avais envoyé auprès d'elle, apprit son départ par le vice-amiral Jurien de la Gravière, qui était resté au palais. »

Les historiographes officiels, dont j'ai lu les récits à ce sujet, disent le plus ordinairement :

« Les principaux fonctionnaires de l'Etat se pressaient autour de l'Im-
« pératrice, en ce moment suprême, pour prendre congé d'elle ; seul, le
« général Trochu ne parut pas. »

« Non ! je ne parus pas ! Je ne parus pas, parce que, au lieu d'aller offrir mes compliments de condoléance à l'Impératrice, j'allais, à cette heure-là même, défendre le Corps législatif, personnellement, par un effort que je savais devoir être impuissant, je le répète, mais que j'avais le devoir de tenter, après l'invitation que j'en avais reçue de l'un de ses questeurs, l'honorable général Lebreton. »

Voilà tout !... L'Impératrice, dites-vous, avait quitté les Tuileries !... Quand?... Elles ne les a quittées que lorsqu'elle a connu la proclamation de la République et sous l'imminence de l'envahissement du palais.

C'est seulement alors que l'Impératrice a quitté son poste.

Le général Trochu était-il au sien ?...

Oui, l'Impératrice a quitté les Tuileries ! Quelques minutes en-

core et il n'était plus temps! l'insurrection enveloppait le palais;
les grilles étaient ébranlées par une foule menaçante qui allait
se jeter sur les Tuileries comme sur une proie! l'Impératrice
n'avait voulu rien préparer pour sa retraite; rien!... On l'avait
avertie du péril dès la veille au soir, puis le matin!... Elle
n'avait pas besoin d'ailleurs qu'on le lui montrât, car les déchi-
rements de son âme n'avaient point troublé son intelligence et
son courage! Mais l'idée de préparer d'avance une fuite lorsque
l'ennemi marchait sur Paris! elle l'avait repoussée, et elle ne
permettait pas qu'on insistât auprès d'elle! il n'y avait donc rien
de combiné pour la sauver; rien..., elle ne l'avait pas voulu; si
bien qu'au moment suprême, après avoir essayé de descendre
un escalier au bas duquel grondait la foule, elle est obligée pour
sortir des Tuileries de suivre la longue galerie du Louvre;
plus d'une fois elle est arrêtée par des portes qu'on met du temps
à ouvrir, elle voit de ses yeux le torrent humain qui se précipite
sur le palais, et enfin elle arrive jusqu'à l'humble voiture de
hasard qu'on vient d'appeler, et la voilà errante dans Paris,
cherchant un asile, et ne le trouvant qu'après avoir frappé à deux
portes qui sont restées fermées!

Eh bien! où était le général Trochu? qu'a-t-il fait pour l'Impératrice... Ah! il avait promis beaucoup!... Mais qu'a-t-il
fait? Il avait promis de se faire tuer au besoin pour la défense
de la régente. Vous avez entendu les témoins qui ont assisté à
ces protestations : M. de Palikao, M. Rouher, M. Brame,
M. Chevreau, M. Busson-Billaut, M. Magne; tous ont constaté
l'énergique et solennelle promesse de défendre l'Impératrice.
« *Je n'ai qu'une manière*, s'écriait-il, *de prouver mon dévoú-
ment à Votre Majesté, c'est de mourir pour elle et pour sa
dynastie. Je me ferai tuer sur les marches des Tuileries;*
voilà ce qu'il promettait à cette femme lorsqu'elle avait encore
la majesté du rang et ce qu'il a oublié lorsqu'il n'a plus eu devant
lui que la majesté du malheur!

Et il n'a pas paru aux Tuileries! Et il s'écrie audacieusement dans son discours : « *Non, je ne parus pas.....* » Il paraîtra à l'Hôtel de ville! mais il ne paraît pas aux Tuileries! Et cependant, il passe deux fois à la porte du palais ; *il le côtoie*, comme dit la letre douloureuse que je vous ai lue, mais il n'entre pas !...

Il avait envoyé, dit-il, le général Schmitz. A quelle heure le général Schmitz y est-il allé? A quelle heure?... A trois heures et demie. Il nous l'a dit et nous le savions déjà par l'amiral Jurien de la Gravière, à trois heures et demie. Et le général Schmitz s'est borné à déposer une lettre par laquelle il offrait de mettre à la disposition de l'Impératrice un capitaine de mobiles !... — Passons.

Mais voici que le général Trochu a rencontré M. Jules Favre au pont de Solférino ; il n'y a plus rien à faire pour l'Assemblée ; le général s'en rapporte à M. Jules Favre ; il lui a serré la main. Restent les Tuileries. S'y rend-il? Non. Il rentre au Louvre, met une heure pour aller du pont de Solférino à sa résidence du Louvre, une heure !... A quoi pense-t-il? A son devoir ou à sa fortune ?... Et il passe de nouveau, en revenant, devant les Tuileries, devant le guichet de l'Empereur. Le dernier moment est venu ; l'insurrection triomphe. Il y a là une femme qu'il a promis de défendre ! Une femme qui a le droit de l'attendre ! Que va-t-elle devenir? Comment échappera-t-elle à la foule? Quel refuge s'ouvrira pour elle ? Le général Trochu n'en sait rien lorsqu'il se retrouve à la porte des Tuileries, et il passe !...

Ah! Messieurs, il ne s'agit pas ici d'opinions politiques, je ne sais quelles sont les vôtres, et je n'en ressens nulle préoccupation ; il s'agit de sentiments qui sont l'honneur de l'âme humaine, et qui planent au-dessus des préférences politiques! Cette femme qui était là, peu importe son nom, peu importe sa dynastie ; mais c'était une femme en qui se personnifiait une grande chute, une grande infortune, un grand péril! Une femme trois fois frappée : comme mère, comme épouse, comme souveraine! Il était donné à un homme de la protéger ; il n'en

eût pas fait la solennelle promesse que c'eût été son devoir!
Mais ni le devoir, ni la promesse n'ont été remplis!

Ah! Messieurs, c'est là un de ces grands abandons dont l'histoire·garde le souvenir!

Nous avons parlé de beaucoup d'incidents; nous avons entendu
beaucoup d'explications du général Trochu; mais il y a quelque
chose qu'on ne peut changer et qui restera: c'est ce passage si
subit d'un camp dans l'autre! Ce sont ces hautes fonctions de
confiance exercées au nom d'un gouvernement et qui survivent
à sa chute! Gouverneur de Paris pour l'empire, gouverneur de
Paris pour la République! Serment le matin, serment le soir, une
révolution entre deux!... Ah! n'admettons pas en France que
ce soit là un noble et grand exemple!...

Est-ce à dire que M. le général Trochu *dût briser son épée*
devant l'ennemi! Non, les champs de bataille, hélas! ne man-
quaient pas; et il eût été plus heureux pour le pays et pour lui
qu'il eût employé autrement ses facultés et son courage! Mais
quant à cette évolution qui fait que le gouverneur de Paris,
envoyé par l'Empereur devient, quelques jours après, le chef d'une
République; quant à ce rôle d'un général, qui, le 4 septembre,
promet le matin à l'Impératrice de la défendre, qui ne reparaît
plus aux Tuileries, et qui le soir réclame la présidence du
gouvernement insurrectionnel, c'est là, dans la même journée,
une transformation de pouvoirs dont l'histoire n'offre pas
d'exemple....

Si!... Il y en a un!... Il y en a un qui appartient également à notre époque désordonnée! C'est celui d'un ministre
du roi de Naples, Ferdinand II, au moment de la révolution
suscitée par Garibaldi. Il s'appelait Liborio Romano, un type
rare de ministre qui s'endormit la veille ministre de l'intérieur
pour le roi, et se réveilla le lendemain président du conseil pour
Garibaldi! Encore une de ces renommées qui croient toucher
au suprême éclat, au moment même où elles ne font que préparer
leurs funérailles!

XVII

Voilà comment les hommes du 4 septembre sont montés au pouvoir.

Et vous savez ce qu'ils ont fait, ces gouvernants de la France !

Je vous ai dit quelques-unes des impérities, des fautes, des incapacités dans lesquelles ils semblaient montrer une réciproque émulation ; je n'y reviens pas. Mais il y a une date qui doit rester gravée dans la mémoire du pays, c'est la date du refus monstrueux de traiter de la paix, au commencement de novembre 1870, en sauvant une province et plus de deux milliards.

Oh ! pour cette fois, le mot crime est bien à sa place ; je n'en connais pas d'autres pour caractériser ce qu'ils ont fait !

M. Thiers était revenu de sa tournée européenne, il était à Tours dès le 20 octobre.

Quatre jours après, l'ambassadeur d'Angleterre annonçait à son gouvernement l'adhésion des puissances neutres à la proposition anglaise d'armistice.

Le 26, l'Impératrice, qui venait de recevoir des nouvelles de Metz, adressait, à un personnage considérable qui se trouvait à Tours, une dépêche télégraphique, pour presser la délégation gouvernementale de conclure l'armistice : « Qu'on se hâte, disait l'Impératrice, qu'on se hâte ! Metz est à la dernière extrémité ! Qu'on fasse la paix ! » Et M. Gambetta, par un mouvement qui l'honore, chargea notre représentant à Londres, M. Tissot, de porter à l'Impératrice des remerciements.

M. Thiers reçoit un sauf-conduit ; il arrive le 29 à Versailles, et le 30 il entre dans Paris, où il a une conférence avec les membres du Gouvernement. Une négociation s'engage sur la question de l'armistice avec ou sans ravitaillement. On ne s'entend pas sur le ravitaillement ; mais retenez ceci : On peut s'entendre sur la paix, et c'est le gouvernement de Paris qui refuse !

M. Thiers reçoit, le 6 novembre, à Versailles l'invitation de rompre les négociations ; il quitte aussitôt Versailles, il arrive à Orléans et raconte, chez l'illustre évêque de cette ville, l'éventualité de paix qui vient de s'ouvrir, et qu'a rejetée un gouvernement insensé. Vous avez entendu MM. Vuitry, de Guilloutet, Camille Doucet ; ils ont fait connaître les communications de M. Thiers à Orléans, à Bordeaux, à Versailles. Voici, au surplus, ce qui est rapporté dans un ouvrage intitulé : *Récits de l'Invasion.*

« A son retour de Versailles, M. Thiers raconta tout au long, dans les salons de l'évêché d'Orléans, les péripéties de ses négociations d'armistice. Sur la question des conditions possibles de la paix, voici les paroles qu'il mettait dans la bouche de M. de Bismarck : « Si Paris veut nous for- « cer à le prendre, nous resterons ici jusqu'à ce que la faim le réduise « à capituler. Nous n'emploierons pas le bombardement, mais nous se- « rons plus exigeants : nous demanderons cinq milliards, toute la Lor- « raine et toute l'Alsace. — Et si nous traitions aujourd'hui ? demanda « M. Thiers. — Nous ne réclamerions, reprend M. de Bismarck, que deux « milliards. Nous vous laisserions Metz ; vous nous donneriez, derrière « cette ville, la Lorraine allemande ; vous garderiez la partie supérieure « du haut Rhin ; vous céderiez Strasbourg et le reste de l'Alsace. Voilà « la paix que je vous offre. J'aurai de la peine à décider le roi, mais je « finirai par le convaincre. »

On a essayé de prétendre que cette négociation avait été rompue, par suite de l'émeute du 31 octobre ; mais on a fait une habile confusion que nous ne laisserons pas subsister. C'est la négociation relative à l'armistice que le 31 octobre a fait échouer ; mais c'est précisément après avoir renoncé à l'armistice que les négociateurs ont abordé la question de la paix. L'armistice, disaient-ils, avait pour objet de conduire à la paix ; mais des difficultés s'élevant, sur les conditions d'une suspension des hostilités, pourquoi ne pas arriver immédiatement à la paix, au lieu de passer par l'armistice ?

C'est ce qui résulte de la déposition de M. Thiers, devant la commission d'enquête sur le 18 mars.

M. Thiers était à Versailles, chargé de la négociation de l'armistice, lorsqu'arriva la nouvelle du mouvement du 31 octobre.

« Je demandai à M. de Bismarck, dit M. Thiers, ce qu'il en pensait ? Ce que j'en pense, c'est que le roi inclinait à l'armistice malgré les militaires.... maintenant ses dispositions sont complétement changées.

...... Alors nous aboutîmes à cette idée que la paix serait plus facile à conclure que l'armistice. Nous en débattîmes très-longuement les conditions.

Déjà M. Thiers avait dit dans la même déposition :

« Ce qui est certain, c'est que le gouvernement prussien était alors assez enclin à traiter, et je suis convaincu qu'on aurait pu en obtenir des conditions moins malheureuses que celles qu'il nous a imposées plus tard. »

Il est donc bien certain que la possibilité de traiter de la paix, s'est ouverte après le 31 octobre. D'autre part, M. Thiers a fait à l'Assemblée nationale, dans la séance du 20 juin 1871, la déclaration suivante :

.... Je crois que si l'on s'était arrêté sur la Loire, la dépense aurait été alors à peu près de 12, 13, ou 1,400 millions.

.... J'ai la conviction que si nous avions fait la paix à ce moment, NOUS AURIONS MOINS PERDU EN TERRITOIRE, et moins donné en indemnité de guerre, au lieu de 5 milliards, nous aurions pu obtenir la rançon de la défaite pour 2 milliards et demi (mouvement) ; OUI, MESSIEURS, C'EST MA CONVICTION.

Vous comprenez ce que cela veut dire, et vous voyez si la conversation d'Orléans doit être tenue pour certaine.

Eh bien ! ce refus de conclure la paix, à ce moment, fait peser sur le gouvernement du 4 Septembre une effroyable responsabilité.

Comment ! Metz vient de capituler ; M. Thiers en apporte la nouvelle le 30 octobre à Paris ; les forces allemandes qui enve-

loppaient Metz deviennent disponibles ; le général Trochu était,
dès le début du siége de Paris, convaincu d'une issue fatale ;
il ne croyait pas que Paris pût tenir plus de deux mois, il n'a
jamais cru aux armées de province, jamais cru qu'elles pussent
tenir sérieusement la campagne ; il est réduit à se frotter les
mains *quand il a un peu chicané* les Prussiens ; le gouvernement
pas plus que lui n'a aucune espérance ;... et on ferme l'oreille à
une proposition de paix ! On peut sauver une portion du territoire que nous avons perdu, et on ne le fait pas ! On peut sauver
deux milliards et demi d'indemnité de guerre, et on ne le fait
pas ! On peut sauver les autres milliards de la fortune publique
qui se sont engloutis dans la continuation de la guerre, et on ne
le fait pas ! On peut sauver tant de vies humaines, et on ne le
fait pas !

Que vient-on parler de l'exaltation des esprits ! Qui donc l'a-
vait engendrée, cette exaltation ? Demandez-le, Messieurs, au
rapporteur d'une commission d'enquête parlementaire, M. Delpit ;
il vient de déclarer, au nom de la Commission, que la population
de Paris, je cite textuellement, « avait été trompée par les proclamations du gouvernement et par les bulletins officiels ! » Comment, alors, le gouvernement prétendrait-il se réfugier derrière
l'exaltation qu'il avait lui-même déloyalement fomentée ?

N'était-on pas, d'ailleurs, au lendemain du 31 octobre, dans
un de ces moments d'accalmie qui suivent les crises violentes ?
Le gouvernement ne pouvait-il pas compter, à ce moment, sur
la grande majorité de la population parisienne qu'avait éclairée
et effrayée la tentative d'insurrection socialiste ? Il fallait avoir
le courage du devoir ! Il fallait tenir un langage sincère ; faire
connaître l'état de la France, la situation militaire générale, les
maux qu'allait entraîner la continuation d'une guerre sans espoir ! Paris avait lutté avec honneur, l'Europe entière le recon-
naissait, et intervenait pour conseiller la paix ; et ils l'ont refu-
sée ! Et la guerre a continué pendant trois mois encore ! trois mois
de douleurs, de deuil, de sang, de ruines, pour se terminer par

la perte d'une seconde province et d'une indemnité portée de deux milliards et demï à cinq milliards !

Ce n'est pas tout. Au 6 décembre, même faute, même crime !

M. de Moltke avait envoyé un parlementaire au général Trochu pour lui faire connaître la défaite de l'armée de la Loire, Des négociations de paix étaient possibles. M. Jules Favre. cette fois, y inclinait ; un conseil fut tenu à Paris ; et ce fut M. Trochu, qui, se prononçant pour la continuation de la gnerre, entraîna le gouvernement.

Ces détails historiques se trouvent dans l'important ouvrage en trois volumes que vient de publier **M.** Valfrey sous ce titre : *Histoire de la Diplomatie du Gouvernement de la Défense nationale.*

« Dans le conseil du 6 décembre, dit-il, M. Jules Favre défendit avec beaucoup de bon sens cette thèse (celle des négociations de paix) ; mais il paraît qu'il ne fut appuyé par aucun de ses collègues, et qu'il fut combattu avec la dernière énergie par le général Trochu, qui se prononça pour la continuation de la guerre à outrance et entraîna tout le gouvernement. »

Le même auteur fait la déclaration suivante :

« Dans la séance de l'Assemblée des 14 et 15 juin dernier, M. le général Trochu a prononcé un discours qui ne s'accorde guère avec ces détails historiques. A notre grand regret, il nous est impossible de considérer ce discours comme autre chose qu'un plaidoyer, que les faits les plus authentiques contredisent à chaque pas. Au 6 *novembre*, au 6 *décembre*, mais au 6 décembre surtout, la continuation de la guerre fut l'œuvre personnelle du gouverneur de Paris. »

Oui, voilà ce qu'a fait le général Trochu !

Vous comprenez bien, Messieurs, je le répète, que de si grands événements, que de si lourdes responsabilités ne peuvent être jugées que par la conscience nationale !... Ce qu'a fait le général Trochu au 4 septembre ; ce qu'il a fait durant le siége ; si cet homme a été bienfaisant ou pernicieux pour la France ; s'il a été un chef militaire bien inspiré ou un gouverneur incapable; s'il a montré une grande âme ou le cœur vulgaire d'un ambitieux; s'il a fait preuve d'une véritable supériorité ou d'une fatale présomption; toutes ces choses, il faut qu'on les puisse discuter librement, entièrement, passionnément! et puis la vérité historique se dégagera peu à peu, préservatrice ou terrible pour la mémoire de notre accusateur!

Mais ce qu'on vient vous demander aujourd'hui est impossible! car on vient en quelque sorte solliciter de vous une lettre de crédit pour la postérité! On vient vous demander, Messieurs les jurés, d'apposer vos signatures au bas de ce livre que le général Trochu a intitulé : *Une page d'histoire contemporaine.* On vient vous demander de vous porter garants des actes de l'ancien Président du 4 septembre, de le couvrir par votre verdict!

Mais vous ne vous laisserez point entraîner à une pareille solidarité! Non, Messieurs, cela ne serait pas juste, et ce qui n'est pas juste, vous ne le voulez pas!

Mais ce qui ne serait pas juste, surtout, c'est que mon client, — vous l'aviez peut-être oublié, — qui n'a apporté dans tout cet immense débat ouvert sur le 4 septembre et la défense de Paris, qui n'a jeté, au milieu de tout ce bruit qui s'est fait autour de M. Trochu, qu'un simple article de journal, eût la douleur d'être condamné comme diffamateur pour avoir dit ce qui est dit partout, écrit partout, dans la presse, dans les livres, dans les enquêtes parlementaires.

Aussi, Messieurs, est-ce à une œuvre de justice, qu'en venant ici, j'ai voulu concourir, et j'ai la ferme confiance de ne m'être pas trompé!

PARIS. — IMP. VICTOR GOUPY, RUE GARANCIÈRE 5